JN024110

DOUBLE HARVEST

尾原和啓
OBARA KAZUHIRO

堀田 創
HOTTA HAJIME

ダブルハーベスト

勝ち続ける仕組みをつくる AI時代の戦略デザイン

ダイヤモンド社

はじめに「技術」から「戦略デザイン」へ

尾原和啓

AIブームの背後で起きた「ゲームチェンジ」に気づけているか

「DX（Digital Transformation：デジタルトランスフォーメーション）」という言葉が毎日のようにメディアでは連呼されています。

そして、その流れがコロナ禍によって加速していくなかで、「AI（Artificial Intelligence：人工知能）」の存在は「DXのコア」として、ますます重要性を増しています。

その一方、日本の大企業・中小企業の方々からは、ため息まじりにこんな声が聞こえてきます。

「DXにAIが必須？　そういわれても、何をどう取り組めばいいのやら……」
「わが社には関係ない話だよ。ウチにはAIを扱えるような人材もいないし……」
「AIによるイノベーションなんて、海外のITベンチャーとかの話でしょ……？」

似たような実感をお持ちの方も多いでしょう。

数年前に起きたＡＩブームへの〝幻想〟は打ち砕かれ、いま、人々のなかにはぼんやりとした失望が広がっています。


それは無理もないことだと思います。

「ＡＩがビジネスを変える！」と騒がれたあの熱狂はなんだったのか。日本ではＡＩ人材の不足が叫ばれ、依然として〝自動化〟されないままの雑務が随所に山積みになっているではないか——。


ですが、ＡＩはやはりビジネスを変えます。

いえ、現に変えています。


ただ、予期されたのとはまったく別のフェーズでゲームチェンジが進んでいるのです。

すなわちそれは、「技術としてのＡＩ」から「戦略デザインとしてのＡＩ」へのシフトです。


いまやＡＩは、それほどの専門性がなくても、誰もが使えるパーツとして提供されつつあります。

どれだけ優れたテクノロジーを開発できるか、どれだけ優秀なＡＩ人材を抱え込めるかは、もはや大きな問題ではありません。

むしろ肝心なのは「ＡＩをどのように企業の戦略のなかに組み込んでいくか」です。

日本企業には「勝ち続ける仕組み」が欠けている

とはいえこれは、「仕事の一部を自動化してコストを削減する」といった施策ではあり得ません。

そのような直線的なAI活用は、他社にも容易にマネできるため、御社の本質的な競争力向上には寄与しないためです。

AIがコモディティ化し、ゲームの焦点が「技術」ではなくなったいま、求められているのはAI活用の「戦略デザイン」です。

・AIを取り入れることで、御社の**持続的な競争優位性**を高められるか？
・AI実装によって**何重にも利益を生み出すループ**を描けているか？
・御社のAI活用は**勝ち続ける仕組み**をデザインできているか？

これからのビジネスは、これらを問うべきフェーズに来ています。「どの仕事をAIにやってもらえば、どれくらいコストが浮くだろう？」といった議論で立ち止まっているわけにはいかないのです。

この水面下でのシフトにいち早く気づき、しかるべき対応を取れるかどうかが、今後のビジネスの成否を決めるといってもいいでしょう。

そして何より強調したいのが、中小を含めた日本企業にとって、このようなゲームチェンジは、願ってもないチャンスだということです。

「ＡＩ活用の戦略デザイン」という観点でいえば、世界全体を見渡してみても、日本企業には圧倒的なポテンシャルが眠っているのですから。

その「追い風」を逃さないために、企業は何をすればいいのか――？

その答えとなるのが、この本でご紹介する「**ダブルハーベストループ**」という戦略モデルです。

そこで本書は、ＡＩを利用しながら「勝ち続ける仕組み」を構築するためのフレームワークを、具体的なステップを追いながら解説していきます。

これをお読みいただければ、これまでＡＩとはまったく無縁だった人・企業でも、「まず何をすべきなのか」「自社に何が欠けているのか」「どんな視点が必要なのか」をクリアにご理解いただけることをお約束します。

アフターデジタル時代に必要な「ＡＩ戦略のデザイン」

著者の1人である私・尾原は、約30年前に京都大学で人工知能を専攻していましたが、その後はマッキンゼーに入社して戦略コンサルとして最初のキャリアを歩み始めました。

つまり、一度はＡＩの世界を捨てて、戦略の世界に飛び込んだ人間なのです。

他方で、この10年ほどは「ＡＩと戦略とのブリッジ役」に注力してきました。

グーグル・ジャパンで検索の事業開発を行い、同社のＡＩサービス「Google Assistant」の国内立ち上げに携わったほか、国立研究開発法人 産業技術総合研究所が２０１５年に設立した「人工知能研究センター」においてアドバイザーを務めるなかでも、主たる関心事はいつも「いかにしてＡＩを企業戦略に結びつけるか」だったといえます。


そして、その探究プロセスのなかで得た知見を、ビービットの藤井保文さんと共にまとめさせていただいたのが、『アフターデジタル――オフラインのない時代に生き残る』（日経ＢＰ）という本でした。

同書では、デジタルやネットがその外側（＝リアル）をも上書きするようになった世界（＝アフターデジタル）において、どんな変革が進むのか、そしてその変化をチャンスとしてとらえ直すにはどんな視点が必要なのかを語らせていただきました。


デジタルがリアルを包み込むアフターデジタルの世界においては、人々のリアルな体験＝ＵＸ（User Experience：ユーザー体験）さえも、すべてデジタルによって再構築できてしまいます。

そして、それが実現すれば、ＵＸを通じて人々の行動データが集まってくるようになります。


そのときこそＡＩの出番です。

行動データをＡＩによって解析すれば、人々の行動をなめらかにサポートできるようになるからです。

日本の企業はこのような移行を見据えないわけにいきません。

それができなければ、われわれは、プラットフォーム企業の単なる下請けになりかねない――。

そのようなリスクも含め、これからの時代変化を考えるきっかけを提供した同書は、おかげさまで大きな反響を呼ぶことになりました。本書執筆時点ではシリーズ累計15万部を超え、IT関連書としては異例のベストセラーになっています。

IDEOとシナモンAIがワークショップを共同開発

他方で、積み残されていた課題もありました。

『アフターデジタル』で描いた変革は、あくまでも「やらねば置いていかれる以上、やらざるを得ない」という類のものでしかなく、「企業が勝ち続けるための仕組み」だとはいえなかったからです。

「AI／DXの時代に、企業の持続的な競争優位性を高めるためには、何が必要なのか――?」

この問いへの答えを希求するなかで巡り会ったのが、本書の共著者である堀田《ほった》創《はじめ》さんでした。

彼は、慶應義塾大学でニューラルネットワーク研究のPh.D.を取得したのち、国内最注目のＡＩスタートアップ「シナモンＡＩ（Cinnamon AI）」を創業してフューチャリストとして活躍している起業家です。マレーシア在住の堀田さんは、ハノイ工科大出身の学生やアジアの一級のＡＩエンジニアたちをリードしながら、日々、各社の開発案件を進めている「ＡＩの戦略的実装」の第一人者です。

堀田さんの武器は、最先端のＡＩ技術への深い造詣だけではありません。テクノロジーを現実のビジネスに実装するときには、一定のアーキテクチャに落とし込むプロセスが欠かせないのですが、平たくいえば、堀田さんはそこで必要になる「構造化する力」においても、すばらしい卓越性をお持ちなのです。

本書でご紹介するＡＩ実装のためのフレームワークの多くは、われわれ2人のあいだでの膨大なディスカッションのなかから、堀田さんが見事に構造化されたものであることは強調しておきたいと思います。

しかも、このフレームワークは単なる「絵に描いた餅」ではありません。世界的デザインファームとして知られるIDEO《アイディオ》が、シナモンＡＩと共同で「ダブルハーベストループ」を中核としたＡＩ戦略デザインのワークショップを提供し始めているからです。

その意味で、本書の描く未来は、これから現実のビジネスで起こることを先取りしたものだともいえるでしょう。

繰り返しになりますが、ＡＩ／ＤＸ時代のゲームチェンジは、日本企業にとって大いなるポテンシャルを秘めています。

本書を通じて、その「追い風」を楽しむためのヒントを得ていただければ、著者としてもうれしいかぎりです。

尾原《おばら》和啓《かずひろ》

Contents

ダブルハーベスト

——勝ち続ける仕組みをつくるＡＩ時代の戦略デザイン

はじめに

「技術」から「戦略デザイン」へ　尾原和啓

Prologue

勝敗を分ける「何重にも稼ぐ仕組み」

――ハーベストループとは何か？

Chapter 1

AIと人とのコラボレーション
——ヒューマン・イン・ザ・ループ

[Column]

Chapter 2

AIで何を実現するかを見極める——戦略デザイン構築のための基盤づくり

[Column]

Chapter

3

戦略基盤を競争優位に変換する――戦略デザインとしてのＡＩ

[Column]

Chapter 4

データを収穫するループをつくる
——ハーベストループでAIを育てる

Chapter 5
多重ループを回して圧勝する——ダブルハーベストこそ最強の戦略

［Column］

Chapter 6

ハーベストストーリーを実装する——AIプロジェクトマネジメントの考え方

Epilogue

地球をやさしく包む「最後のループ」――SDGsとハーベストループ

おわりに

AIよりも戦略よりも大事なこと

堀田創

Prologue

勝敗を分ける「何重にも稼ぐ仕組み」

ハーベストループとは何か？

AIブームは終焉したのか

AI技術はすでにコモディティ化しつつある。つまり、もはや誰にでも簡単に利用できるものになったのだ。これはまごうことなき事実である。

AIと名がつくだけでもてはやされた時代は過去のものとなり、これからはAIを当たり前に使いこなして、いかに稼ぐかの勝負になる。データをもっているだけでは差別化できず、AI技術者をたくさん抱えるだけでは、もはや競合に対して競争優位は築けない。

しかし、それは「AIは役に立たない」ということを意味しない。実際はまったく逆で、AIを使うことがビジネスの大前提になったのだ。それなしには、もはや競争の土俵に立つことさえ許されない時代が目前に迫っている。

AIが当たり前になったからこそ、ともすれば掛け声だけに陥りがちだった過熱気味のブームが去り、着実にAIが生み出す果実を収穫するフェーズに入ったのだ。実際、すでに世界のいくつかの先端企業は、このような収穫のサイクルに入っている。

「収穫」は英語で「**ハーベスト（Harvest）**」という。本書のタイトルにもある「ダブルハーベスト」とは、「1回収穫して終わり」ではなく、AIを組み込んだ戦略を正しくデザインし、自走する仕組み（ループ構造）をつくることで、二重、三重に実りを収穫し続けられることを指す。それを実現するためのフレームワークを提供し、他社に勝つだけではなく、勝ち続ける仕組みを実現するのが本書の目的だ。

あらゆる産業にＡＩの恩恵がもたらされる

このように書くと、まだＡＩに手をつけていない企業の方は、「自分たちは出遅れてしまってもう間に合わない」と思うかもしれない。だが、決してそんなことはない。ＡＩがコモディティ化したということは、誰でも安くＡＩを利用できるようになったということだからだ。

実際、いまやＡＩがもたらすさまざまな機能は、自社で一から開発しなくても、よそから借りてくることが可能になっている。レゴのパーツのように必要な機能を組み合わせるだけで、ＡＩの果実を自社に取り込むことができるのだ。

そのため、いままでＡＩなんて縁遠いと思っていたみなさんが、『ダブルハーベスト』の戦略論のメインターゲットとなる。いや、むしろ、労働集約型で営業利益率が低く、追加のコスト負担に耐えられないせいでデジタル化・ＡＩ化の波に取り残されてきた企業群ほど、本書のフレームワークによって、より大きな「収穫」を手にできるのだ。

そこには、顧客接点を握る数店〜数十店規模の飲食チェーンやヘアサロン、学習塾、生産現場をもつ中小メーカーや地場産業、作業現場に出入りする建設業者、農林水産物の加工現場をもつ食品加工メーカーや畜産業、製材所、物流のラスト1マイルを担う運送業者など、あらゆる産業が含まれるだろう。いまや、日本全国どこにいても、規模の大小にかかわらず、誰でもAIを使いこなせるチャンスなのだ。

「DX＝デジタルシフト」という致命的な誤解

一方、ブームに乗ってすでにAIを導入したという企業の方は、喧伝されていたほどの成果が出ずに、そろそろ失望しているころかもしれない。

だが、見限るのは待ってほしい。自社が導入したそのAIは、既存の業務やタスクをデジタル化・自動化しただけのものではないだろうか。つまり、ただの「デジタルシフト（デジタルへの置き換え）」であって、会社や事業の仕組みそのものを変身させる「**デジタルトランスフォーメーション（DX）**」になっていないのではないか。

AIというと真っ先に思い浮かぶ、おすすめ商品を表示するレコメンデーションや自動化によるコスト削減は、じつは、AI導入のほんの入り口にすぎない。

これからくわしく述べるように、AIは目の前の勝負に「勝つための手段」ではないのだ。

むしろＡＩは「勝ち続けるための仕組みづくり」においてより大きな威力を発揮する。

そのためには、ＡＩがより賢くなるような**ループ構造**をつくって回すのが第１のステップとなる。だが、ほとんどの企業はこの段階でつまずいている。ループ構造がつくれていないから、せっかくＡＩを導入したのに、たいした効果が得られないのだ。

そのため、蓄積されたデータによって、ＡＩの精度がどんどん高まっていくループ構造をつくるのが当面の目標となる。それができるだけでも、競合に対するアドバンテージとなるだろう。だからこそ、もはやＡＩの本質は、技術論ではなく戦略論のほうにあるのだ。

しかし、この１つのループを回すだけでは、なかなか優位性を頑健に保つことができない。たとえば、コストを削減することで、サービスの低価格化を実現できたとしても、そう遠くない未来にライバル企業も、同様の戦略をとってくるだろう。なぜならＡＩがコモディティ化したということは、競合も同じようにそれを使えるという事態を意味するからだ。

そこで必要なのは、競争力の源泉を１つだけつくって満足するのではなく、二重、三重のループをつくって、複数の競争優位を築くことである。これこそが「ダブルハーベスト」の狙いであり、デジタルを駆使して会社を丸ごと進化させるＤＸの１つの理想形といってもいい。そこまでやってはじめて「ＡＩを使いこなした」といえるのだ。

勝者はいつも「破壊的危機」から誕生する

では、なぜ「いま」ＡＩに戦略デザインが必要なのか。それは、ＡＩがコモディティ化したタイミングだから、ということを大きく超えて、２０２０年こそは産業構造の激変を迎えた節目のタイミングとして記憶されることがほぼ間違いないからなのだ。

２００８年9月のリーマンショックは世界経済を破滅の淵に追い込み、大きな傷跡を残した。その一方で、翌２００９年はベンチャーキャピタルの投資効果が非常によかった年として記憶されている。それは、リーマンショックで既存の産業が大きく傷んだ時期に、スマートフォンとＳＮＳ（ソーシャルネットワーキングサービス）という2つのテクノロジーが爆発的な普及期に入り、新しく勃興したサービスに湯水のように資金が流れ込んだからだ。

２００7年に初代 iPhone が登場し、２００9年には iPhone 3G が発売になって本格的な普及期を迎えた。スマホが使いやすくなったことで、フェイスブックがマネタイズできるようになった。

結果として、**GAFAM**（グーグル、アマゾン、フェイスブック、アップル、マイクロソフト）が急速に力をつけ、世界経済のトップを独占するようになったのだ。

[図0-1]企業の時価総額ランキング比較(単位:10億ドル)

2008年末

順位	銘柄名	時価総額
1	エクソンモービル	399
2	ペトロ・チャイナ	259
3	ウォルマート・ストアーズ	217
4	チャイナ・モバイル	196
5	P&G	180
6	マイクロソフト	176
7	中国工商銀行	174
8	AT&T	167
9	GE(ゼネラル・エレクトリック)	166
10	ジョンソン・エンド・ジョンソン	164

2021年初

順位	銘柄名	時価総額
1	アップル	2,215
2	サウジアラムコ	1,852
3	マイクロソフト	1,749
4	アマゾン	1,608
5	アルファベット(グーグル親会社)	1,238
6	テンセント	843
7	テスラ	751
8	フェイスブック	735
9	アリババ・グループ	688
10	TSMC	547

[出典]左:「日本経済新聞」2009/1/23/右:同2021/2/15

そのことは、リーマンショック時の2008年の世界時価総額ランキングと、2021年のランキングを見比べるとよくわかる([図0−1]参照)。両方に名を連ねているのは、マイクロソフト1社だけだ。

コロナショックが次のGAFAMを生む

2020年は新型コロナウィルス(COVID-19)のショックによって、世界経済が瀕死の状態に追い込まれた。その破壊力はリーマンショック以上で、あらゆる産業においてオフラインが強制的にシャットダウンされた。

オンラインとオフラインの境界がなくなり、すべてがオンラインに飲み込まれる「**アフターデジタル**」的な世界への移行はもともと時間の問題だったが、それがコロナ禍によって一気に実現し、オンラインファーストの価値観への大転換が起きたのだ。

しかも、このタイミングでオンラインファーストを支える4大インフラが一斉に普及期に突入する。高速大容量で低遅延、多数のデバイスを同時接続できる「**5G（第5世代移動通信システム）**」が整備され、あらゆるものがインターネットに接続される「**IoT（Internet of Things：モノのインターネット）**」が現実のものとなり、遅延のない環境でバーチャルなやりとりを加速する「**VR（仮想現実）**」がいよいよ花開く。そして、あらゆる活動がオンライン化されたことで発生する膨大なデータを取り込んで「**AI（人工知能）**」はますます賢くなっていく。

コロナショックで既存ビジネスが破壊されたタイミングで、5G＋IoT＋VR＋AIという4つの革命が同時進行していけば、これから数年〜10年以内に、新しいメガプレイヤーが出てくる可能性は高い。2030年の時価総額ランキングには、「次のGAFAM」が名を連ねているはずだ。

アフターデジタル型のオンラインファーストは、いままでのネットビジネスとはひと味違う。従来のネットビジネスはオンラインだけで完結していた。ソフトバンクの孫正義氏の言葉を借りれば、グーグルやフェイスブックが広告業界を牛耳り、アマゾンが既存の小売業を破壊したといっても、アメリカのGDPに占める広告の割合は1％、小売は6％にすぎない。「残り93％」の大半はまだビフォアデジタルの段階で、これからDXが本格化するのだ。

しかし、たった7％がトランスフォーム（変身）しただけで、GAFAM5社の時価総額の合計が、日本の一部上場企業の時価総額の合計を超えるくらいのインパクトをもったのだ。[*1]

そう考えると、「残り93％」のなかからオンラインファースト型の「次のGAFAM」が生まれてくるのは、ある意味、必然ともいえるだろう。このタイミングを逃す手はない。

アマゾンを「小売の覇者」にした二重のループ構造

戦略の本質は「戦《いくさ》を略す」こと、つまり戦わずして勝つのが究極の目的だ。しかも1回勝ったら終わりではなく、ずっと勝ち続けるのが正しい戦略のあり方である。

だが、戦わずしてずっと勝ち続けるなどということがはたして可能なのか。そんなことができれば誰も苦労しない、ビジネスはそんなに甘くないと思うかもしれないが、じつは、圧倒的な競争力でライバルを寄せつけない企業ほど、勝手に勝ち続ける仕組みをつくって、日々、他社との差を広げているのだ。

いちばんわかりやすい例がアマゾンだ。アマゾンでは、ユーザーが喜ぶような体験を提供することで、さらに顧客がどんどん集まってきてトラフィックが増えるようになっている。こうなると、売り手もアマゾンに出品せざるを得なくなり、結果として商品セレクションが充実して、ユーザーがさらにハッピーになる。アマゾンをつくったジェフ・ベゾスは、このループ構造の圧倒的インパクトを熟知していたのである（「図0－2」参照）。

[図0-2]ジェフ・ベゾスの描いたアマゾンのビジネスモデル

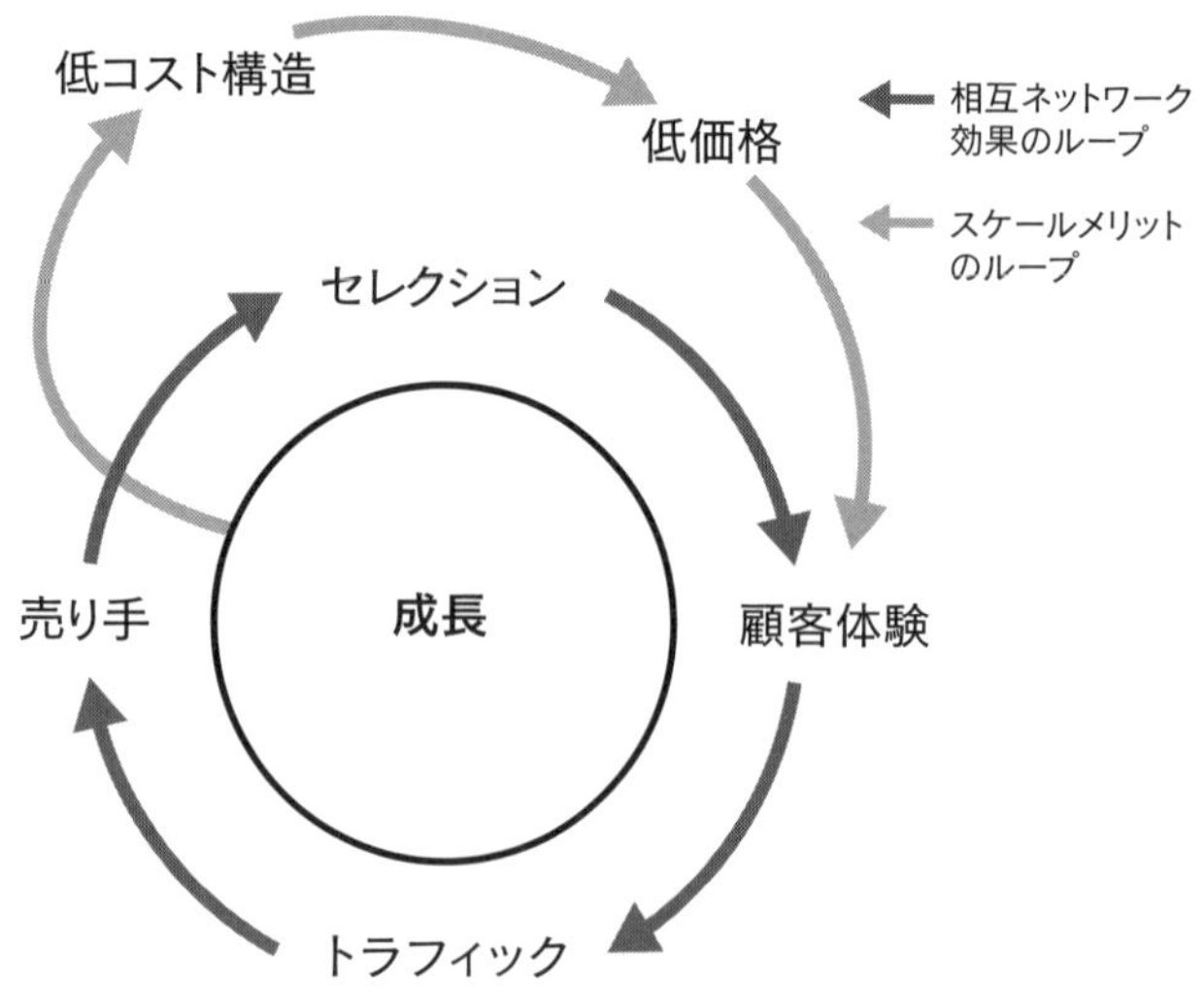

[出典] Amazon.jobs [https://www.amazon.jobs/jp/landing_pages/about-amazon]を元に著者作成

売り手がたくさん集まれば買い手を呼び、買い手がたくさん集まればさらに売り手を呼ぶ。このような「**相互ネットワーク効果**」は、いったん動き出すと好循環がずっと続いて、勝手に成長していく。これにより、売り手・買い手双方のデータ、また、それらをつなぐ取引データのすべてが勝手にたまる構造ができており、このデータを使うことでさまざまな最適化を実現することができる。これを「農作物の収穫」になぞらえて「**ハーベストループ**」と呼ぶ。

このループをぐるぐる回すだけでも、当面はライバルとの競争で有利に働くはずだ。せっかくAIを導入しても、たいてい1回限りの利用にとどまり、自動でたまるデータを使ってAIの精度がどんどん上がっていくループ構造を築けていないケースがほとんどなので、1つのループを回すだけでも、それなりの威力がある。

だが実際には、他社も同様のハーベストループを回すことができるため、これだけで勝ち続けられると断言することはできない。

そこで、裏側にもう1つ別のループ構造を走らせるのだ。アマゾンが抜きん出ていたのは、外部から見えやすい「相互ネットワーク効果」というループの裏側で、もう1つ別のループを回し続けたことだ。1つめのループで持続的な「成長」が可能になれば、**スケールメリット（規模の経済）**が出るとともに、業務に関わるさまざまなデータが蓄積されることで、徹底的な「低コスト構造」がつくられる。それによって、アマゾンは他社には簡単には真似できない「低価格」を実現し、ユーザーの顧客体験をさらに向上させる。

アマゾンは一見身軽なECサイトでありながら、その実態は、巨大な物流システムを抱えたリアルビジネスなので、規模が大きくなれば、それだけ商品1点あたりの物流コストが下がる「規模の経済」を享受できる。

クラウドサービスのAWS（Amazon Web Service）が収益に貢献するようになるまで、アマゾンが利益をほとんど出さずに物流システムの改善に再投資し続けたことはよく知られている。アマゾンは「**ダブルハーベストループ**」を回し、「2つの収穫」を手に入れ続けたことによって、現在の盤石の地位を築いたのだ。

イスラエルのベンチャーに1兆7000億円の値がついた理由

このように書くと、それはアメリカのアマゾンだからできたことで、自分たちには無理だと感じる人がいるかもしれない。だが、このダブルハーベストループを回したことで、わずか600名ほどの企業に約1兆7000億円もの値がついた例がある。

イスラエルの「モービルアイ（Mobileye）」は、車載カメラによる車両検知や事故防止のシステムを提供する企業だ。自動運転の実用化で先行するテスラのオートパイロットに採用されるなど、画像認識技術に優れており、同社は2017年に1兆7000億円でインテルに買収された。[*2]

モービルアイは走行試験を重ねて路面状況の画像データを大量に蓄積することで、まずクラウド上に高精細なロードマップを描くことができる。それによって事故が防げるようになるというのが、当面のバリューとなる。路上画像が蓄積され、画像処理AIが強化されて、事故予測AIの精度が上がるのが1回目の「収穫」である。走行距離が増えるほど、画像データもたまるので、AIがそれだけ賢くなる。これが32ページの［図0－3］にあるハーベストループ①だ。

自動運転といっても、すべてその場で画像センサーを使った処理をしているわけではない。人間が見ている道路地図よりもはるかに細かいロードマップに基づいて運転するのが基本だ。

センターラインや車線、路肩や歩道の段差、ガードレールによって走行レーンがはっきり認識できる道だけとは限らない。そもそも車線がはっきりしない区間も多く、夜間や雨天、降雪によって走行レーンが見えなくなることもある。道路標識や車線の色、信号、交差点の形状、横断歩道の有無など、もっと細かな情報も必要になる。しかも、一時的に道路工事が入って変更を余儀なくされることもあれば、渋滞が発生して身動きがとれなくなることもある。そうした地図の精度が高いほど、安全運転が可能になる。

モービルアイは蓄積された路上画像データに位置情報を紐付けることで、高精細なマップをリアルタイムに更新できるようにした。これにより、他社に負けない構造が築ける。マップの精度が上がり、更新頻度も上がれば、事故予測ＡＩの精度はさらに高まるからだ。これが［図０－３］のハーベストループ②が生み出す価値だ。

精度が上がればコミュニケーションミスも減らせる

モービルアイがすごいのは、さらにそこに別のループを回していることだ。

自動車事故の７割はコミュニケーションミスで発生する。たとえば、隣りの車線に割り込もうとする際、「斜め後ろを走っている車はきっとブレーキを踏んでくれるだろう」と思っていると、そのまま直進してきて衝突してしまう。あるいは逆に、自分の斜め前の車がこちらに割り込んでくるのが見えたので、あわててブレーキを踏んだら、後ろから追突されたりする。

[図0-3]モービルアイに見る「ダブルハーベストループ」構造

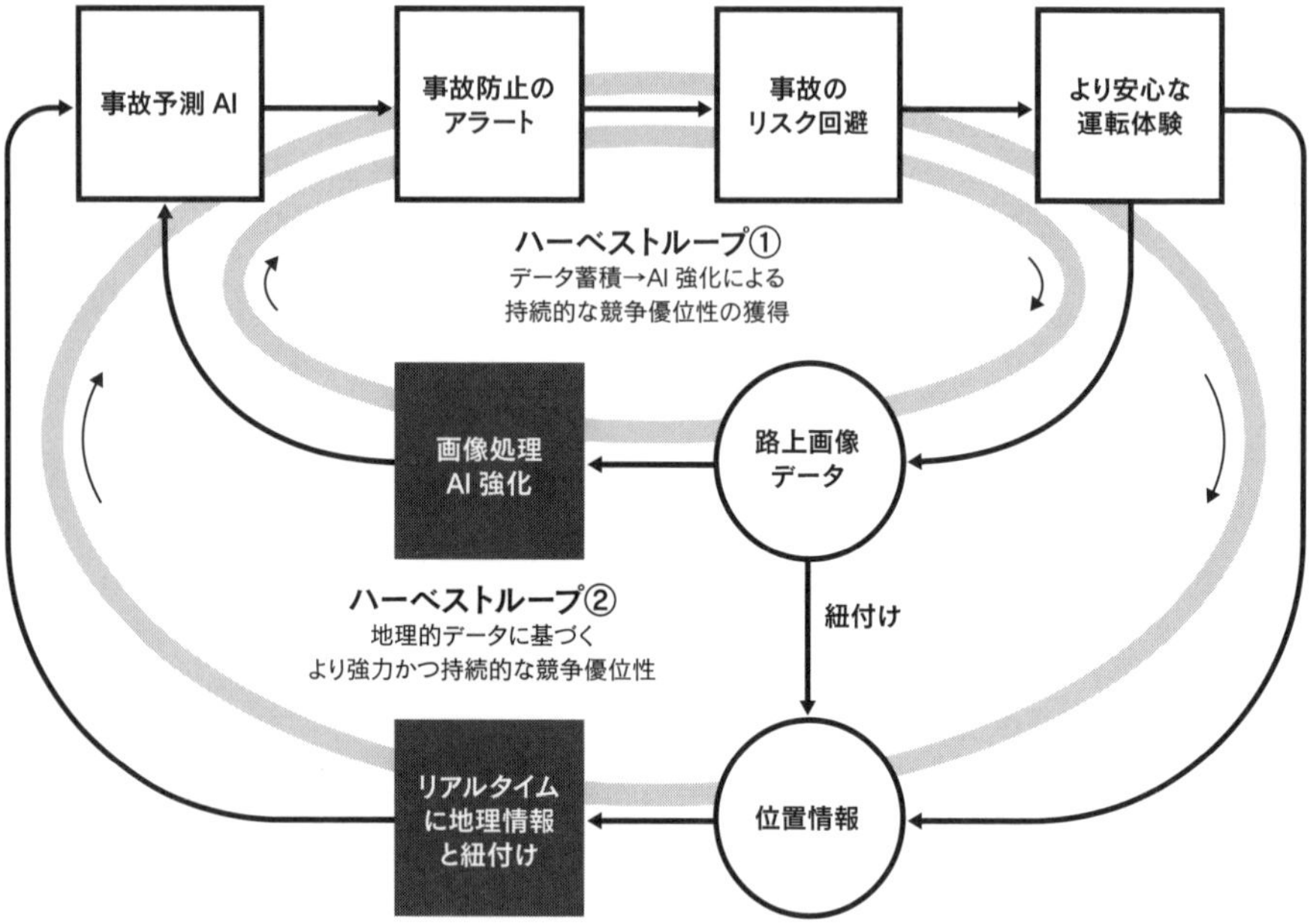

自動運転で車線変更するときも、周囲の車に「これからこっちに割り込むぞ」というシグナルを送って、相手がそのシグナルを受け取ったことを確認してから割り込むようにしないと、危なくて車線変更できない。

モービルアイには、こちらの車がどういう挙動をとったときに、相手がどういうシグナルを受け取ったかというデータがたまるので、それを使ってシミュレーションの精度を高めることができる。シミュレーション上で、いかにも人間が運転しているかのような車を何台も走らせ、そこで自動運転車がきちんと割り込めるかを検証する。自動運転車が早めに割り込みをかけると、相手がどんなタイミングでブレーキを踏んだのかというデータもたまるし、相手のどの挙動に注目すれば、こちらの運転がスムーズにいくのかも抽出できる。それによって、人とAIのコミュニケーションミスを減らす、もう1つのループを回すことができるのだ。つまり、[図0－3]には出てこない3つめのハーベストループの存在が示唆される。

ここではわかりやすさのためにある程度の簡略化をしているが、同社はこれ以外にもさまざまなデータを蓄積している。こうしてモービルアイは、何重ものループを連ねることで、強靭なビジネス構造をつくり上げているのだ。

1つの精度が上がれば、別のデータが取れるようになる。そのデータをもとにさらにAIの精度を上げていくことで、他社が簡単には追いつけない強力かつ持続的な競争優位性を獲得することができる。これこそが複数のハーベストループを築く本来の狙いである。

なお、少し先走って説明すると、実務におけるループを回すことで実務の精度が上がれば、結果的にリスクをコントロールできるようになるため、それが新しい保険商品の開発や、投資・融資の判断基準に革新をもたらすことにもなるはずだ。すると、保険商品や投資商品というフィンテックがらみのループも回せるようになる（131ページ以降を参照）。

つまり、あらゆるビジネスは、少なくとも実務ベースと金融ベースの二重ループが回せるはずで、このダブルハーベストループを両方回し切れば、ライバルは追いつけなくなるというのが、本書の最大のメッセージである。

楽して稼ぐのはいいことだ――発想の大転換が必要

他方で、自動的に儲かる仕組み（ループ構造）をつくるときに、最大の障害になるのは、じつは、日本人の勤勉さではないか。そんな疑いが頭から離れない。

日本人は手を動かすことが大好きで、「楽して稼ぐ」ことに抵抗感を覚える人が多い。しかし、よい戦略、正しい戦略は、いかに「楽して稼ぐ」ことを徹底できるかで決まる。手を動かすからえらいのではなく、できるだけ手を抜いて、勝手に稼ぐ仕組みをつくったほうが儲かるし、えらいのだ（手を抜いた分、人件費がかからないので、コスト優位になるだけでなく、ＡＩによる恩恵を最大限受けられる）。

日本人はもともとオフライン環境では非常にていねいで、質の高い（ノイズの少ない）オペレーションを得意としている。そのため、それを1回オンライン化してデータをとる仕組みをつくれば、そのデータをＡＩに与えて勝ち続ける戦略デザインを構築することにかけては、ほかの国に劣ることはないはずだ。だからこそ躊躇なく、遅滞なく、ＤＸを進める必要がある。

逆に、いまＡＩを戦略デザインに組み込めなければ、「残り93％」（26ページ）の世界もＧＡＦＡＭのような外資系企業に支配されて、日本企業は誰かの下請けにならざるを得ないかもしれない。

グローバルで激しい競争を繰り広げている自動車産業はいうに及ばず、日本語という障壁に守られてきた国内市場、とりわけ飲食業やサービス業、建設業、運輸業、中小メーカー、さらには地場産業など、これまで外国勢との争いという意味では無風状態に近かった産業にも、待ったなしの変化が求められている。

ＡＩがコモディティ化し、国内市場でも言語障壁が取り払われつつある現在、放っておいても価値が増大し続ける仕組みをつくらない限り、いつかは競合との価格競争に陥り、儲けが薄くなるのは避けられない。

一方、自走するループを二重、三重に築いて、ライバルたちの追撃をかわすことができれば、資金的な余裕ができる。その資金を別のことに再投資すれば、多くの人の生活を支えることができる。

儲けることが悪ではないのだ。むしろ、儲けることができなければ、誰のことも助けられない。誰かの役に立ちたかったら、しっかり儲ける、儲け続けることが必要なのだ。

そのための第一歩が「できるだけ手を動かさずに稼ぐ仕組み」をつくることだ。ＡＩを使って、まずはハーベストループを回して収穫することを目指そう。

本書の構成

CHAPTER 1では、そのための前提として、ＡＩにまつわる誤解を解く。まず、ＡＩ化はただの自動化ではない。人間の作業を単純に機械で置き換えるだけなら、それはデジタルシフトであって、ＤＸではない。ＡＩはむしろ人間の仕事をサポートして、人間が人間らしく働く環境を提供してくれる。「ヒューマン・イン・ザ・ループ」と呼ばれる人間とＡＩとの新しい共生関係を提示する。

CHAPTER 2では、ＡＩによって実現できるさまざまな「最終価値」を例示して、ＡＩを使うメリットを理解してもらう。ここで紹介する活用ケースは、自社の戦略にＡＩを組み込むときのイメージづくりに役立つはずだ。

とはいえ、ＡＩがもたらす直接的なメリットだけでは、激しい市場を生き残れない。勝負に勝つには、競合に対して競争優位となるポジションを築く必要がある。たとえば、ＡＩで得られたコスト削減という果実は、コストリーダーシップ戦略に結びつけてはじめて意味がある。**CHAPTER 3**では、戦略デザインとしてのＡＩ活用を深掘りする。ここまでの説明で、どのＡＩを使ってどんな価値を実現し、ライバルにどう差をつけるかという「シングルライン」が描けるようになる。

しかし、その勝利は1回限りで永続性がない。ＡＩに継続的な学習をさせて精度を上げるというプロセスが抜け落ちているからだ。そこで、**CHAPTER 4**では、データを育てて収穫する「ハーベストループ」を構築する。ループを回すことで、1回勝って終わりでなく、持続的に勝ち続ける仕組みが手に入るのだ。

そうして築いたハーベストループも未来永劫安泰ではない。1年後にはライバルが追いついてくるかもしれない。そこで、**CHAPTER 5**では、1つめのループとは別のループ構造を裏側で回す手法について解説する。外部からは窺い知れない「ダブルハーベストループ」は、直接見えない分、簡単には真似できない。競合がその存在に気づく頃には、すでに追いつけないほどの差が開いているはずだ。

ハーベストループへのストーリーが描けたら、次はいよいよ実装だ。**CHAPTER 6**では、ＡＩ特有のプロジェクトマネジメントについて、マネジャーが押さえておくべきポイントをまとめた。ＡＩで失敗しないために、ぜひ目を通してほしいところだ。

さらに、ＡＩ時代に求められる必須の知識やキーワードを、各CHAPTER末の5つの「**コラム**」にまとめた。「E2E学習」「レスデータ」「サチュレーション」「データ・ネットワーク効果」「リンクデータ」というキーワードは、どれもＡＩの新潮流を理解するのに役に立つはずだ。

本書を通じて、１人でも多くの方に戦わずして勝ち続ける本来の意味での「戦略」の醍醐味を味わっていただきたい。ハーベストループを回すことで、何重もの「収穫」が御社にもたらされることを祈っている。

［注］

1　日本経済新聞「ＧＡＦＡＭの時価総額、東証１部超え５６０兆円に」２０２０／５／９

2　日本経済新聞「モービルアイ、米インテル傘下で研究開発を強化」２０１７／10／24

Chapter 1

AIと人とのコラボレーション

ヒューマン・イン・ザ・ループ

ＡＩが人間をアシストし、人間がＡＩの学習を強化する

ＡＩが人間の仕事を代替するから、人間はやがていらなくなるというのは幻想だ。もちろん、誰でもできるような単純作業や何度も繰り返し発生するようなタスクは、どんどん自動化されていくし、ＡＩのほうが得意な仕事もたくさんあるが、それで代替されるのは、人間の仕事の一部にすぎない。むしろ、退屈な仕事から解放された人間が、より専門分野に特化して能力を発揮できるようになる、というのが本来の姿である。

みなさんが現在行っている仕事のうち、あまり頭を使わずにこなせるルーティンワークや、ほかの誰でもできるような簡単な仕事をＡＩが担ってくれるとしたらどうか。

それによって空いた時間や処理能力を、自分にしかできない分野に振り向けることで、自分の能力が最大限引き出されるようにならないだろうか。それは個人の成長につながるし、ひいては企業の競争力アップにもつながる。「ＡＩ＝自動化」と考えてしまうと、コスト削減→生産性向上ばかりに目が向きがちになるが、ＡＩによって、人間がムダな仕事から解放される効果のほうが、長い目で見ればはるかに重要なのだ。

つまり、ＡＩは人間の仕事を奪うのではなく、むしろ、人間の仕事をアシストしてくれる存在といえる。それによって、人間はより人間らしく働けるようになるわけで、人間にとって、ＡＩは最高のパートナーと

なり得る存在なのだ。

一方、ＡＩの側も人間を必要としている。なぜなら、ＡＩは最初から１００％の完成品としてスタートするわけではないからだ。ＡＩはデータを食べて日々成長する。いったん導入しても、新しいデータを与えて学習を進め、徐々に精度を上げていけるのがＡＩの強みで、従来のＩＴとは根本的に違うところだ。

いってみれば、新卒社員を雇って教育訓練を施し、徐々に戦力として育てていく感覚に似ている。データさえ与えればＡＩは勝手に学習を進めてくれるので、人間は不要だと思うかもしれない。ただ、新人教育と違って、適切な教師データを与えてＡＩを強化するのは人間の仕事だ。人間が教えるからこそ、人間に役立つよう最適化されたＡＩが育つのであって、ＡＩの学習プロセスに人間が関わらなくなれば、それこそ、どんなＡＩが出てくるかわからない。ＡＩには、どうすれば人間の役に立てるか、どう成長するのが理想かという価値判断はできないからだ。

ヒューマン・イン・ザ・ループのアプローチ

人間はＡＩのサポートによって潜在能力を開花させ、ＡＩは人間の教育によってさらに賢くなる。つまり、人間とＡＩのコラボレーションにこそ価値があるのであって、「人間 vs. ＡＩ」という対立構図でＡＩをとら

［図1-1］人間参加型のAIモデル「ヒューマン・イン・ザ・ループ」

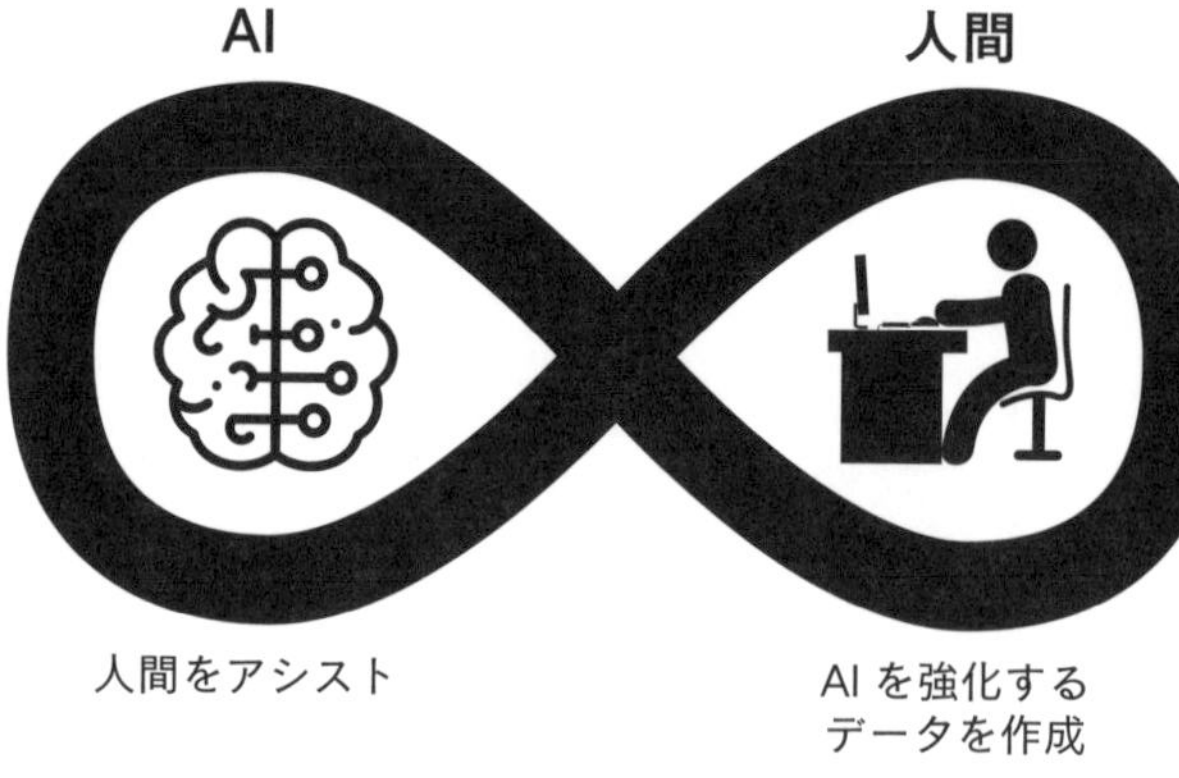

えるのは、もはや時代遅れといっていい。

このような人間とＡＩのコラボレーションは「**ヒューマン・イン・ザ・ループ**（**HITL：Human-in-the-Loop**）」と呼ばれ、単なる「**自動化**（**Automation**）」とは区別されている。自動化が向いている分野と、ヒューマン・イン・ザ・ループが向いている分野はおのずから異なる。両者の違いについては、74ページ以降で詳述する。

ここでは、ヒューマン・イン・ザ・ループのベーシックなパターンを紹介しよう。たとえば、手書きの書類からＯＣＲ（光学文字認識）で文字列を読み込んでテキストデータを抽出するＡＩを考えてみる。

まず、ＡＩに手書きの文字列を学習させるための画像データが必要になる。学習用の画像データ（教師データという）を用意するのは人間だ。教師データが集まったら、それをＡＩに読み込ませて、**ディープラーニング**（**深層学習**）という手法で学習させる。学習が進んで、ある程度手書き文字を認識できるようになった段階で、学習済みのＡＩを実際の業務に投入する。

［図1-2］「ヒューマン・イン・ザ・ループ」の基本パターン

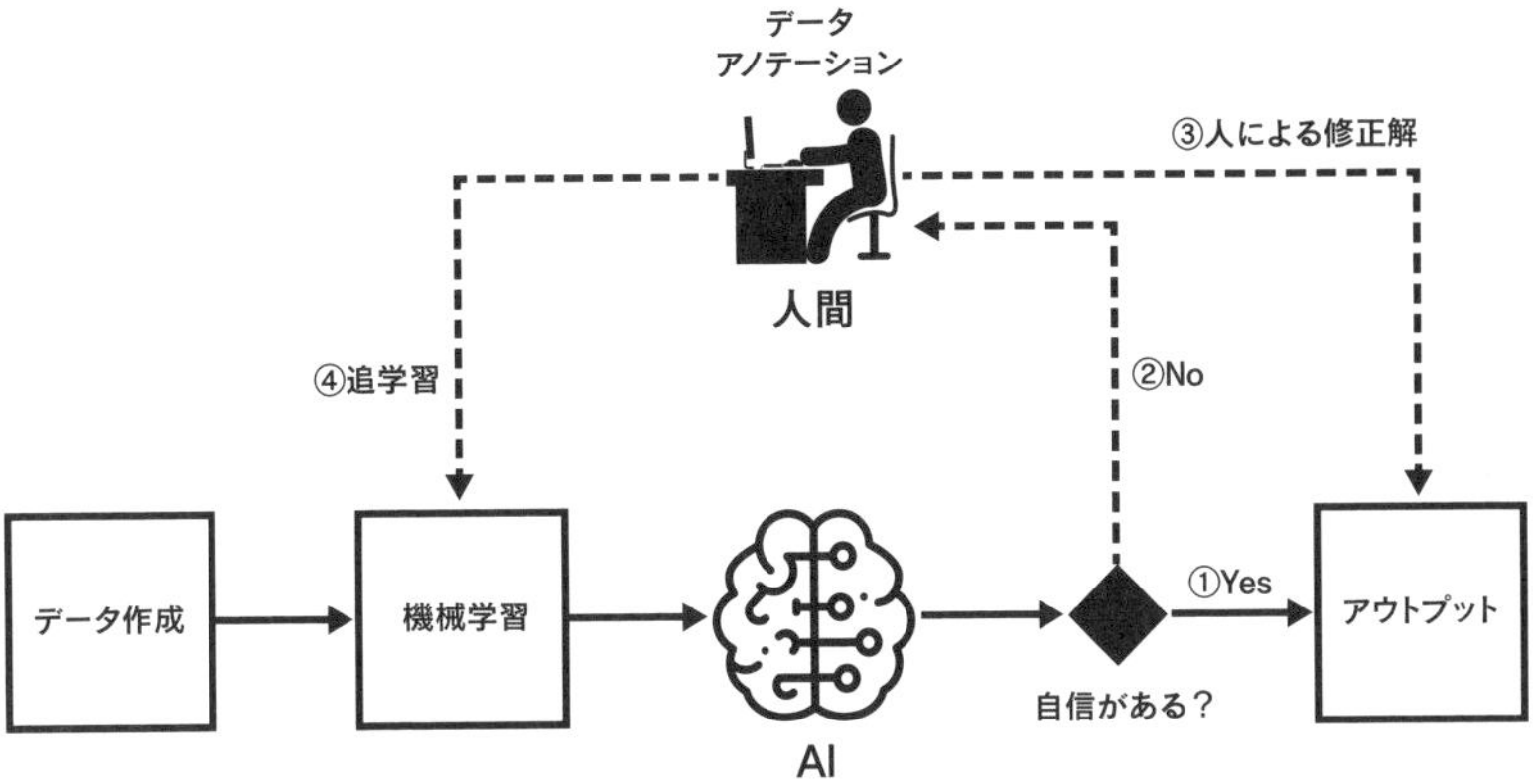

しかし、この段階では、手書き文字の認識精度はそこまで高くない。汚い字もあれば、かすれた文字も、もともと間違えやすい文字列もある。仮に7割しか正確に認識できないとすると、残りの3割は人間が補ってやる必要がある。

そこで、ＡＩによる認識の信頼度（正しく読み取れている確率）をあらかじめスコア化して、たとえば信頼度が98点以上ならそのまま結果として出力し（［図１－２］の①）、97点以下なら人間の目でチェックするようにする（同②）。つまり、ＡＩが「自信がある」としたものについては、人間の目を通さずにそのままＯＫとし、「自信がない」としたものだけ人間が実際に目で見て確認して、間違いがあれば修正して結果に反映させるわけだ。そうすることで、人間が全部目を通すよりも手間が省けるだけでなく、最終的なアウトプットのミスも減る（同③）。

しかし、人間とＡＩのコラボレーションはそれだけにとどまらない。それが［図１－２］の④にある「**追学習**」だ。つまり、人間によって誤りが修正されたデータを、もう一度ＡＩに学習させることで、ＡＩ

の認識精度をさらに上げることができる。

ＡＩをどんどん賢く育てるには、この追学習のプロセスが不可欠だ。図中の一連のサイクルは、ＡＩの学習プロセスに人間が不可欠なことを意味している。その名のとおり、まさにヒューマン「イン・ザ・ループ」というわけだ。

仕事の中身が変わるだけでなく、1人あたりの生産性も上がる

このループ構造を回すことによって、人間の仕事の中身が変わることも忘れてはいけない。それまでは手書きの書類を集めて手入力していたのが、ＡＩが読み間違えていないかを目で見て確認して、間違えているときだけ手入力で直す役目になるため、手間は確実に減る。

ＡＩが7割正しく読み取れるなら、人間がチェックするのは残りの3割程度でよくなる。仮に、ＡＩ導入前に10人で入力作業をやっていたとすると、ヒューマン・イン・ザ・ループでは、チェックする人間は3人いれば間に合うはずだ。いままで10人でやっていた仕事が3人で済むだけでなく、読み込む速度も上がるので、3人に減らしたとしても1日で処理できる書類の量は以前と同じか、それ以上になる。

一方、ＡＩにしてみれば、「こういうタイプの手書き文字のときはよく間違える」とか、「特定の文字列（定

型書類なら、たとえば決まった住所や氏名など）は読み間違いが起きやすい」といったことがわかってくる。このフィードバックループを回せば、ミスを回避できる可能性が高くなる。
すると、3人でやっていたチェック作業が、やがては1人でもできるようになる。つまり、1人あたりの処理量が3倍になる（生産性が3倍になる）わけだ。余った人材を別の業務に回してもいいし、人数を減らさずに3人体制のまま仕事をすれば、同じ時間で3倍の量の仕事をこなせるようになる。

もっと極端な話をすると、3割自動化しただけでも、コストダウンにつながるということだ。たとえ認識精度が3割だったとしても、人件費が3割カットできるなら、ビジネスとしては十分選択肢に入るはずだ。人を3割減らすといっても、残り7割については人間がアウトプットを補正するから、品質レベルが落ちるわけではない。

さらに、最初は3割しか正しく読み取れなかったとしても、人間が出した正しい答えをAIが追学習していくことで、それが4割になり、5割になって、最終的に8割自動化できるなら、残り2割を人が見ればいいことになるので、8割のコスト削減が期待できる。

そう考えると、「精度が低すぎてAIを使う意味がない」という見方は間違っていることがわかる。精度が低くてもコスト削減効果はあるし、AIが学習を積み重ねることで、コスト削減効果もどんどん上がっていくからだ。

単なるコスト削減にとどまらない

しかし、ＡＩと人間のコラボレーションの価値は、単なるコスト削減にとどまらない。

象徴的な事例としては、世界有数のメガバンクグループ「ＨＳＢＣホールディングス」のケースがあげられる。[*3] ＨＳＢＣではローン審査にまつわる書類の入力作業を1万人以上のセールス担当者がそれぞれ行っていた。その作業の一部をＡＩによって自動化したところ、単なるコスト削減以上の効果があった。

入力作業から解放された担当者がセールス業務に注力したことで、売上アップにつながったからだ。つまり、データ入力というのはセールス担当者にとっては余計な仕事にすぎないわけで、それを免除されれば、本来彼らにしかできない仕事に専念できるということだ。

「第一生命」でも同じようなプロジェクトが進行している（図1－3」参照）。それまでオペレーターが行っていた手続き書類の入力作業をＡＩ－ＯＣＲによって大幅に軽減し、それ以外のプロセスも**ＲＰＡ（Robotic Process Automation：ロボティック・プロセス・オートメーション）**で自動化することによって、手の空いた人員を別の業務に振り向けるなど、さまざまな改革が加速している。

なお、このプロジェクトには、堀田が創業した「シナモンＡＩ（Cinnamon AI）」が携わっている。

[図1-3]AIと人間の協働(第一生命とシナモンAIの事例)

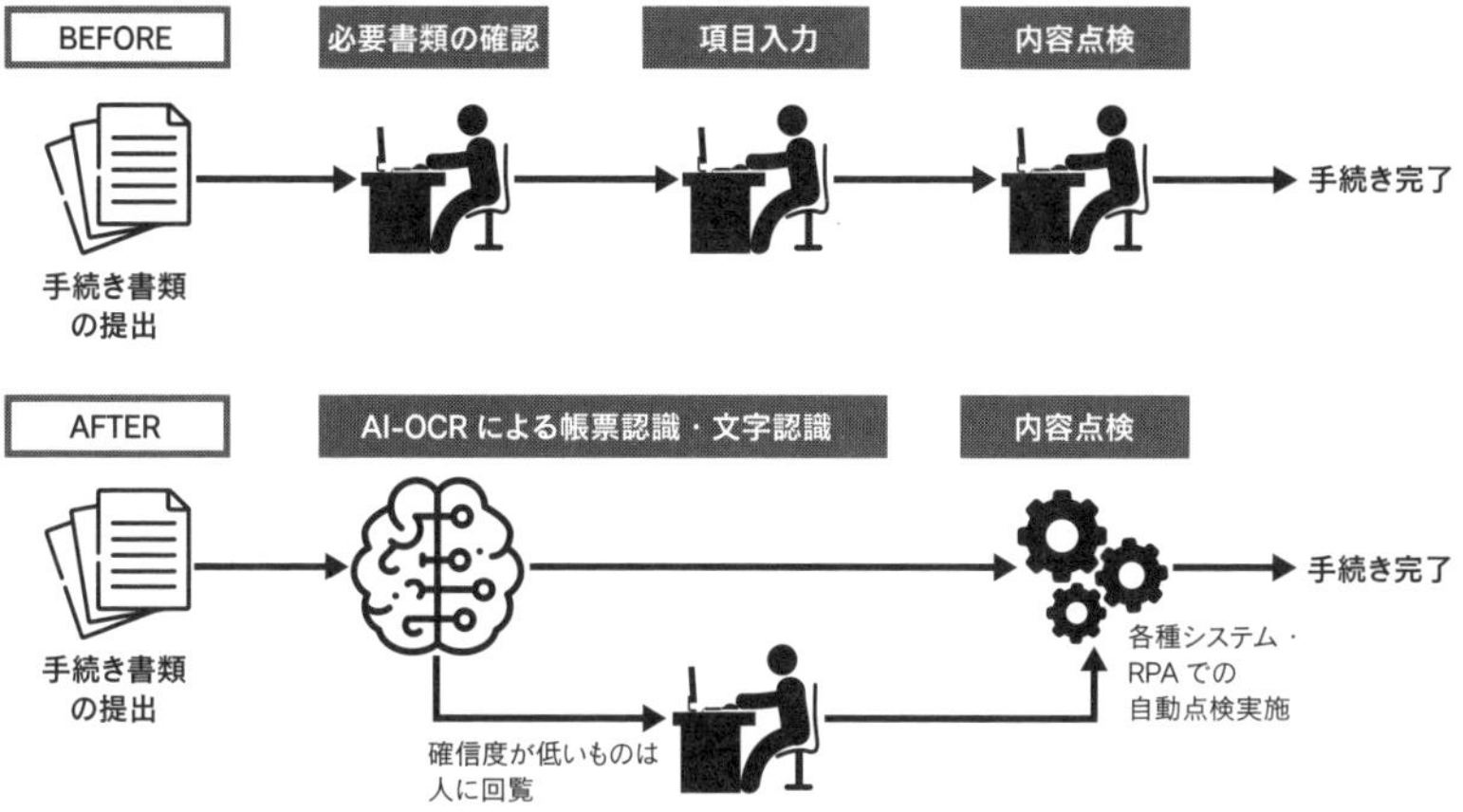

完全なる自動化か、人間とのコラボレーションか

AIを入れて完全自動化を目指すのか、それとも人間との共同作業(ヒューマン・イン・ザ・ループ)で価値を実現するのか——どちらが向いているかを見分けるには、[図1-4]のフローチャートが役に立つ。

最初の分かれ目は、もしAIが間違ってしまったときに、そのミスが致命的かどうかだ(図の①)。たった1つのミスで人命が失われたり、会社の業績に決定的な影響を与えたりするようなら、AIに任せきりにするのはリスクが高すぎる。しかし、世の中には、間違えたからといって、そこまで大きな問題にならないミスもたくさんある(同②)。

たとえば、グーグルの検索結果が自分の意図した情報と違っても、そこまで目くじら立てるほどのことはない。むしろ、インターネット上の膨大な情報のなかから、自力で目当ての情報を見つける手間

［図1-4］「自動化かHITLか」の判断フロー

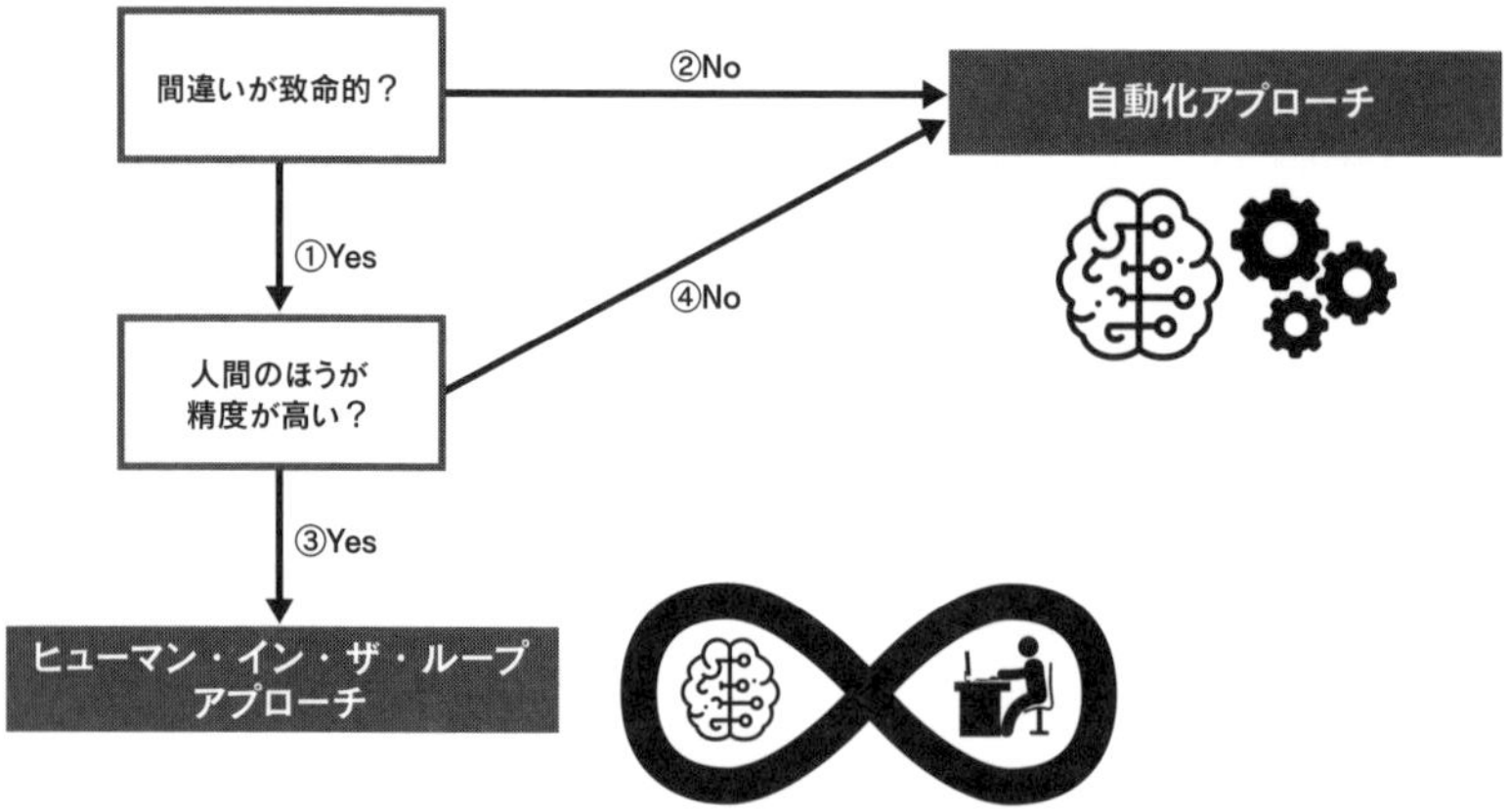

を考えれば、どんどん自動化して、気軽に検索できたほうがいい。一般に、多くの情報のなかから目当てのものを探し当てる、条件に合うもの同士をマッチングさせるといったタスクは、人手を介さず、自動化したほうが、はるかに精度が高くなる。

２つめの分岐点は、人間とＡＩのうち、どちらがミスを犯す確率が低いかに関係している。もしＡＩよりも人間のほうが精度が高いのであれば、現状ではその領域を完全に自動化するわけにはいかない。やはり人間が手を動かすヒューマン・イン・ザ・ループのアプローチをとるのが妥当だ（同③）。

他方で、間違いが致命的であったとしても、ＡＩのほうが明らかにミスする可能性が低いなら、徐々にではあっても、ＡＩに任せていくほうが合理的だ（同④）。つまり、自動化のアプローチということになる。

たとえば、自動運転技術については、おそらく現状でも人間よりは事故を起こすリスクは低い。自動運転でトップをひた走るグーグル傘下の「ウェイモ（Waymo）」は、2020年1月には累計の公道走行距離が2000万マイル（約3200万キロ、地球を800周回った計算）に達したと発表したが、事故は数えるほどしか起こしていない。[*4]

ただ、自動運転車が事故を起こしたときに誰が責任をとるのか、メーカーなのかドライバーなのかといった問題や、機械に主導権を奪われることへの心理的な抵抗感など、さまざまな要素がからんでくるので、いきなり完全自動運転の「レベル5」に移行するのは難しい。そこで、システムが車間距離を保ち、車線維持をサポートしてくれる「レベル2」から始めて、高速道路のような限定された状況下での自動運転、さらに一般道での自動運転へと段階を踏んで移行する必要がある。

時間をかけてレベルを上げていけば、安全性能に対する理解も進む。高齢ドライバーによる事故の多発などをきっかけに、いったん「人間の運転のほうがかえって危ない」という認識が広がれば、自動運転を容認する社会的なコンセンサスも得やすくなる。

このように、ミスが致命的であっても、AIの精度が人間を凌駕している場合、いつかはAIが単独でその仕事をこなすようになる――そう考えるのが自然だ。

ヒューマン・イン・ザ・ループの3つの型

つまり、ヒューマン・イン・ザ・ループというアプローチは、業務上、要求される水準に対して、ＡＩだけのアウトプットではどうしても満たない場合に、人間がそのギャップを埋めてやればいい、という発想で成り立っている。そのため、顧客の要求水準、あるいは、そのプロジェクトで実現しなければいけない水準を１００％とすると、ＡＩの精度が80％なら、残りの20％を人間が穴埋めしてやる必要がある。

この穴埋めのしかたは、だいたい３つのパターンに分けられる（図１－５参照）。

１つは、ＡＩが間違っていないかどうかを人間がチェックする「**人力検査型**」。たとえば、手書きの申込書から、お客様の住所や名前、電話番号などの個人情報を抽出するケースで、ＡＩの精度が８割だったら、人間が目で見て、手書き文字とデータが一致しているかどうかをチェックしなければ、そのデータは使えない。

しかし、人間がすべて手入力するより、目で見て間違っているものだけを修正するほうが手間がかからない。仮に2割に修正が発生するとしても、８割は「これＯＫ、ＯＫ、ＯＫ……」と見ていくだけなので、はるかに効率がいい。

２つめは、裏側に人間がいて、ＡＩがうまく対応できないときだけ人間が出てきて対処する「**人間バック**

［図1-5］ HITL / EITLには3つの型がある

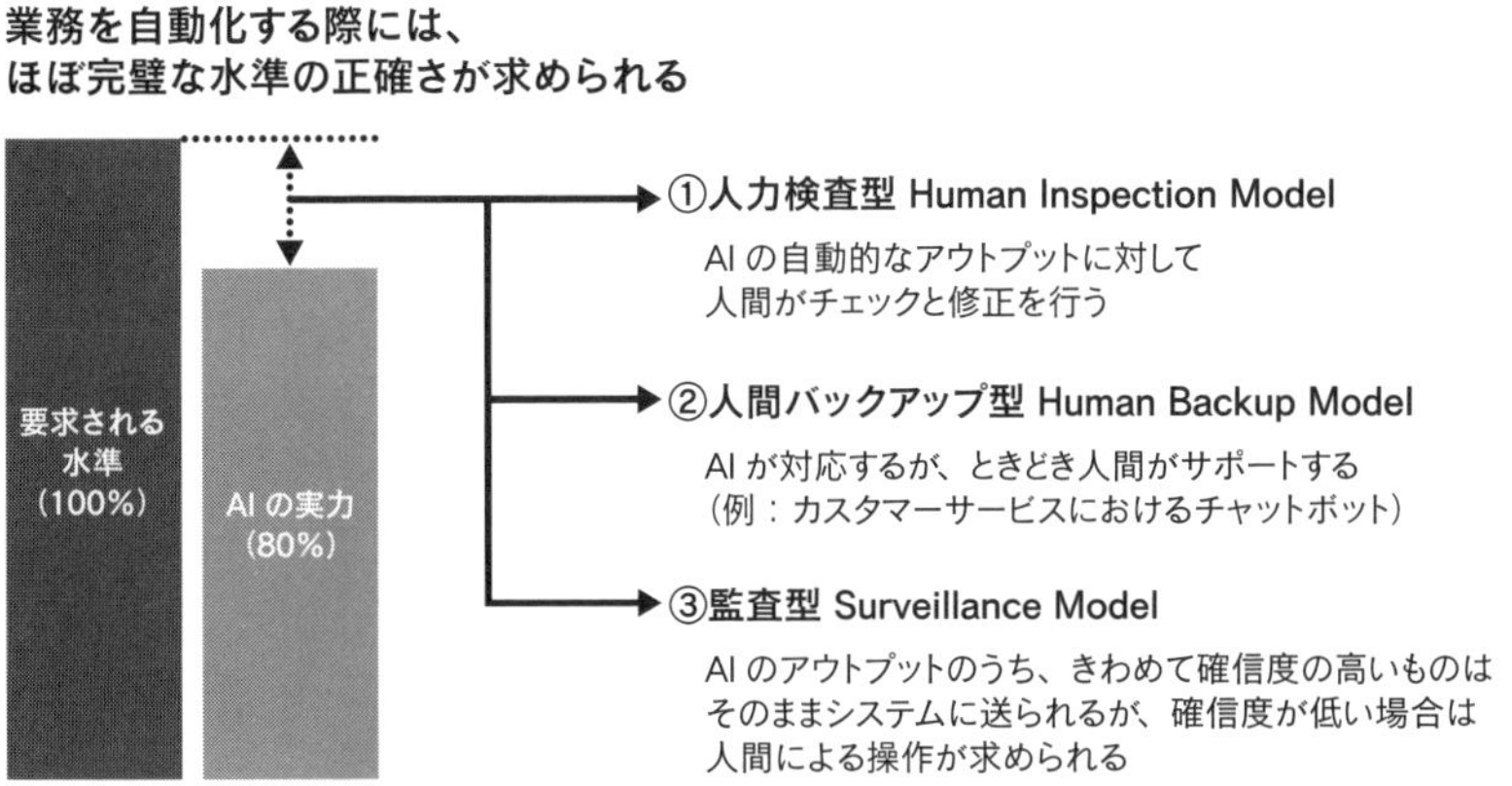
業務を自動化する際には、
ほぼ完璧な水準の正確さが求められる
要求される水準（100%）
AIの実力（80%）
①人力検査型 Human Inspection Model
AIの自動的なアウトプットに対して
人間がチェックと修正を行う
②人間バックアップ型 Human Backup Model
AIが対応するが、ときどき人間がサポートする
（例：カスタマーサービスにおけるチャットボット）
③監査型 Surveillance Model
AIのアウトプットのうち、きわめて確信度の高いものは
そのままシステムに送られるが、確信度が低い場合は
人間による操作が求められる

アップ型」。チャットボットによくあるタイプで、FAQ（よくある質問）などをもとにボットが答えられる範囲ならボットが対応し、ボットでは対応できないときだけ、カスタマーサポートの人に渡す。定型的な対応はAIに任せて、人間は例外的な問題のときだけ顔を出す。

3つめは、ある現象をモニタリングしているAIが判断に迷ったときに人間に知らせる「**監査型**」。クレジットカードの不正利用がわかりやすい例で、過去のトランザクション（取引履歴）と比較したときに、これは不正利用ではないかと疑われるケースがあったとする。疑わしい段階でいきなりカードの利用を停止してしまうと、ユーザーの使い勝手が極端に悪くなるので、明らかに不正利用だとわかるケースは別として、微妙なケースについては人間に見てもらう。つまり、赤信号の場合はAIが自動で取引を停止すればいいが、黄色の場合は人に知らせて判断を仰ぐのだ。

AIの判断を信頼できるかどうかは信頼度のスコアで表す。スコアが70点のときはどういうオペレーションをするか、50点のときはどうするかをあらかじめ決めておいて、それに沿って対処することになる。

ヒューマン・イン・ザ・ループではこの3つの型のどれか、または、このうちの2つ、3つを組み合わせて使う。

精度100%のAIは存在しない

勘違いしてはいけないのは、人間のほうが優秀だからといってAIを使わない手はないということだ。繰り返しになるが、たとえAIの精度が3割しかなくても、残りの7割を人間が行えば、AIによってコストを削減できる。

上司から「精度が低いAIなんて意味がある?」と聞かれたときに、明確に「あります」と答えられるようになるには、このヒューマン・イン・ザ・ループの概念を押さえておく必要があるだろう。

残念ながら、実際には「精度100%のAIでなければ使わない」という人は少なくない。IT音痴の日本人だからというわけではなく、シンガポールの銀行にAIの説明をした際にも同じことをいわれたことがある。だが、そう考えている限り、AIを使うことはできない。AIが学習を重ねて精度が上がったとしても、100%間違えないAIなど存在しないからだ。

要求水準に対して3割しか達成できないなら意味がないと考えてしまうと、そこでスタック(立ち往生)

してしまう。そうではなく、現時点でさえ3割もコスト削減の余地がある、学習によってＡＩの精度が上がればさらなる効果が見込まれる、と考えるべきなのだ。さらに重要なのは、のちほど説明するハーベストループによって、中長期的にはこのコスト削減効果そのものがどんどん上がっていくということだ。

だから、ヒューマン・イン・ザ・ループの考え方が、ＡＩに関する意思決定者であるＣＩＯ（最高情報責任者）クラスの人にまで浸透していることが重要になる。上司を口説きたいなら、ぜひ「ＡＩと人間のコラボ」について、理解を深めておいてほしい。

専門家の能力を最大化する「エキスパート・イン・ザ・ループ」

ＡＩと人間のコラボといっても、ヒューマン・イン・ザ・ループは、どちらかというと「ＡＩができない部分を人間がサポートする」という面が強かった。ＡＩが学習を重ねて賢くなれば、人間がサポートする領域はだんだん減っていく。自動化によって従来の人間の仕事が置き換えられていくわけで、ヒューマン・イン・ザ・ループは多くの場合、どうしてもコスト削減・業務効率化が念頭に置かれやすい。

しかし、ＡＩを使うメリットはそれだけにとどまらない。弁護士や会計士、建築士、医師、エンジニア、研究者、コンプライアンスマネジャーなど、高い専門技能をもつ「エキスパート（専門家）」と呼ばれる人たちに対して、ヒューマン・イン・ザ・ループのフレームを当てはめると、もともと付加価値の高い希少人材なだけに、コスト削減以上の意味があるからだ。

まず、専門家本人にとってのメリットがある。

弁護士にしても建築士にしても医師にしても、自分の専門性を磨きたくてその職業に就いたはずなのに、そうではない日常業務に大半の時間を使わざるを得ない日々を送っている。「こんな簡単な仕事は自分がやる必要がないのに……」と思っても、代わりの人がいなくて自分でやらざるを得ないとか、クライアントから頼まれて、本来の自分の専門分野とは違う仕事を受けざるを得ない（刑事事件に強い弁護士が離婚訴訟を担当するなど）といったことは、どんなエキスパートにも経験があるだろう。

しかし、7割の簡単な仕事をＡＩがやってくれるようになれば、自分にしかできない骨のある仕事に集中できる。自分の専門能力を高めることができるし、そこにやりがいを感じる人も多いだろう。

さらに、ＡＩが学習するための教師データのつくり込み（タグ付けなどのアノテーション作業）を弁護士本人が手伝えば、難しい案件でもＡＩが学習しやすい形に落とし込むことができるので、ＡＩの精度もどんどん上がっていく。

専門知識が求められるだけに、アノテーション作業をクラウドソーシングで大量に発注するということがそもそも成り立たない分野では、この学習ループを構築できるかどうかが重要になる。

このような専門家をサポートするタイプのコラボを「**エキスパート・イン・ザ・ループ**（**E－T L：Expert-in-the-Loop**）」という。専門家を専門領域以外の雑務から解放して、専門領域に特化させることによって、コスト削減以上の効果が得られるのが、エキスパート・イン・ザ・ループのメリットだ。

高度な専門サービスが民主化され、誰でも利用可能に

エキスパート・イン・ザ・ループのメリットは、ＡＩを使う側だけにあるのではない。専門家のサービスを受けるユーザー側にも大きな恩恵がもたらされる。

仮に弁護士の生産性を１００倍上げることができたとすると、それによって弁護士がいらなくなるというよりも、極端に安いリーガルサービスが出てくることが期待できる。

たとえば、スマートフォンやウェブサービスの利用規約を全部読むという人はほとんどいないが、１００円払えば弁護士のお墨付きと注意すべきポイントの解説が受けられるというサービスがあれば、利用したいという人はいるはずだ。

リーガルサービスが安価になれば、法人での利用も広がるだろう。よくいわれるのは、企業の契約の大半は社内の事業部が勝手な判断で行っているという事実である。そうした契約書のなかにリスキーなものが混

じっているのに見逃されている、というケースも実際にある。ＡＩを使って簡便に、安く契約書のレビューができるようになれば、そのようなリスクも回避できるだろう。
つまり、これまで一部の人にしか利用できなかったリーガルサービスが、誰にでも利用できるようになるわけだ。

同じことは、会計サービス、医療サービス、エンジニアリングなど、さまざまな分野で起こるはずで、まさに専門知識の「民主化」の恩恵が世の中全体に行き渡るようになる。専門家に対してエキスパート・イン・ザ・ループを適用して、付加価値の高いデータをためていけば、それだけ社会に大きなインパクトをもたらせる可能性があるのだ。
実際、日本にもCotoboxという商標登録サービスがある。彼らのバックには、類似商標検索などのＡＩをふんだんに盛り込んだシステムがある。このシステムは、まさにエキスパート・イン・ザ・ループとなっており、弁理士１人あたりの生産性を10倍以上に引き上げることに成功している。

このように、ＡＩの学習サイクルに専門家を取り込むと、コスト削減以上のメリットが得られるようになる。せっかくＡＩを導入して目指す先が縮小均衡というだけでは食指が動かないという人も、エキスパート・イン・ザ・ループの考え方を知れば、認識を改めることができるはずだ。

大事なのは、技術的なことまではわからなくても、この領域ではレバレッジが効きやすいということだ。

［図1-6］グーグル翻訳のなかの「ユーザー・イン・ザ・ループ」

コピーボタンによって、その訳が「使える／正しい」と判断されたかどうかがわかる

これを理解しておくと、自社の希少人材の価値を最大化することができる。

社内の業務をまんべんなく効率化するよりも、付加価値の高いエキスパートの業務をＡＩにサポートさせることで高い競争力を獲得すると考えれば、ＡＩを戦略として組み込むときの優先順位もつけやすいはずだ。ライバル企業がまだ気づいていないならなおのこと、いますぐにでも取り組んでほしい。

AIの学習にユーザーを取り込む「ユーザー・イン・ザ・ループ」

ＡＩと人間のコラボは、社内人材やエキスパートだけにとどまらない。ユーザーに参加してもらってＡＩの精度を上げていく「**ユーザー・イン・ザ・ループ**（User-in-the-Loop）」というアプローチもある。その典型は、グーグル翻訳の右下についている翻訳結果のコピーボタンだ（［図１－６］参照）。

いままではグーグル翻訳で訳された結果が使われているのか、使われていないのか、グーグルには把握できなかった。

ところが、ここにコピーボタンをつけたことによって、使われたかどうかがわかるようになった。コピーされたということは、その訳が正しい（あるいは使える）とみなされたわけで、翻訳結果が正しいかどうかという判定をユーザー自身がしていることになる。それによって、ＡＩが学習するための教師データがどんどんたまっていく。

さらに、もしユーザーが翻訳結果に満足しなければ、ＡＩでもわかるように、文章表現を簡単にしたり、主語述語の関係をはっきりさせたりして、似たような言葉を入力し直すこともあるだろう。すると、コピーボタンを押さずに再度入力された文字列が、翻訳結果のズレを修正するためのトレーニングデータになる。これがユーザー・イン・ザ・ループの破壊力だ。

コピーボタンを置いたからといって、グーグルはユーザーに何かを強制したわけではない。ただ、翻訳結果をコピペしたい人にとっては、ボタン一発でコピーできたほうが便利だという「ＵＸ（ユーザー体験）の改善」にすぎないのだ。

しかし、その延長線上で、ＡＩのトレーニングデータが自然とたまっていく仕掛けになっているところがすごいのだ。まさにデータを育てて収穫する「ハーベストループ」の考え方そのものだ。

ユーザー・イン・ザ・ループのもう1つの事例として、「テスラ（Tesla）」のケースを見てみよう。テスラの「オートパイロット」は、すでに技術的には相当レベルまで自動運転を実現しているが、各国のレギュレーションによってまだ人間のドライバーの補助が必要とされている。

自動運転モードでは、画像認識で赤信号・青信号を見分け、それによって自動制御で減速したり、加速したりする。しかし、なかには光の反射などで信号の色がうまく識別できないケースがある。人間の目でも周囲の明るさや角度によって見分けにくいときがあるのと同じだ。

仮にＡＩが青信号と認識していたのに、ドライバーがブレーキを踏んだとすると、テスラにはその情報がフィードバックされる。それによって、画像認識の精度が上がっていくのだ。

つまり、ユーザーはそれと意識しなくても、ふつうに運転しているだけで、テスラには自然とＡＩの学習データがたまっていく。これもまた、ユーザーの行動がＡＩを強化するユーザー・イン・ザ・ループの典型例だ。

ここまで見てきたように、ＡＩと人間のコラボといっても、関わる人間によって、さまざまなバリエーションがあり得る。ただ、どのパターンを目指すにしても、ＡＩの学習データが自然とたまっていくループ構造をつくることが、ＡＩを戦略に組み込むときの肝となることは、ご理解いただけたのではないかと思う。

次の CHAPTER 2 では、ハーベストループをつくるための第一歩、基盤づくりを見ていく。

［注］

3　https://cogx.live/hsbc-agenda/

4　日経ＸＴＥＣＨ「ウェイモが自動運転で王座陥落、アポロ計画のバイドゥが首位に」2020／4／15

Column

AI戦略は水平分業から垂直統合へ
E2E学習

出来合いの機能を組み合わせればすぐに始められる

学習によってAIをどんどん賢くしていくためには、教材となるデータを育て、収穫する仕組みをつくる必要がある。私たちはこれを「ハーベストループ」と呼び、いち早くループ構造を回すことを目指している。

一方、すでに述べたように、AIはすでにコモディティ化して、誰でも安く利用できるようになっている。いまや利用可能なさまざまなAIのモジュールが公開されていて、それらを組み合わせるだけで、誰でも簡単にAIの恩恵を享受できる。そのため、手っ取り早くハーベストループを回すには、利用可能なAPI（Application Programming Interface）やライブラリから必要な機能を引っ張ってきて、それらをレゴブロックのように組み合わせるだけでいい。それだけAIは身近な存在になっているわけだ。

あとでくわしく説明するように（153ページ）、AIはスピード勝負の世界なので、できるだけ早く取り組んだほうが有利になる。だから最初は、すでに実績のあるAPIやライブラリから機能を借りてきて、とにかく動くAIモデルをつくってしまうという姿勢は正しい。［図1-7］の左側は、そうしたやり方を表している。

ここでは、手書きの文書をOCR（光学文字認識）で読み取ってデジタル化するAIの例で説明する。紙の書類をスキャンした画像データは、斜めに傾いていたり、ズレていたりするので、まずそれを正しい向きや位置に直す必要がある（イメージの標準化）。次に、書類のレイアウトを分析して、表の左側に品名があって、右側に数量・ユニットプライス（単価）・総額があるといったことを把握する（レイアウト分析）。そのうえで文字や数字を読み取り（OCR）、読み取ったデータを「品名」「数

［図1-7］単なるAPIの組み合わせとE2E学習

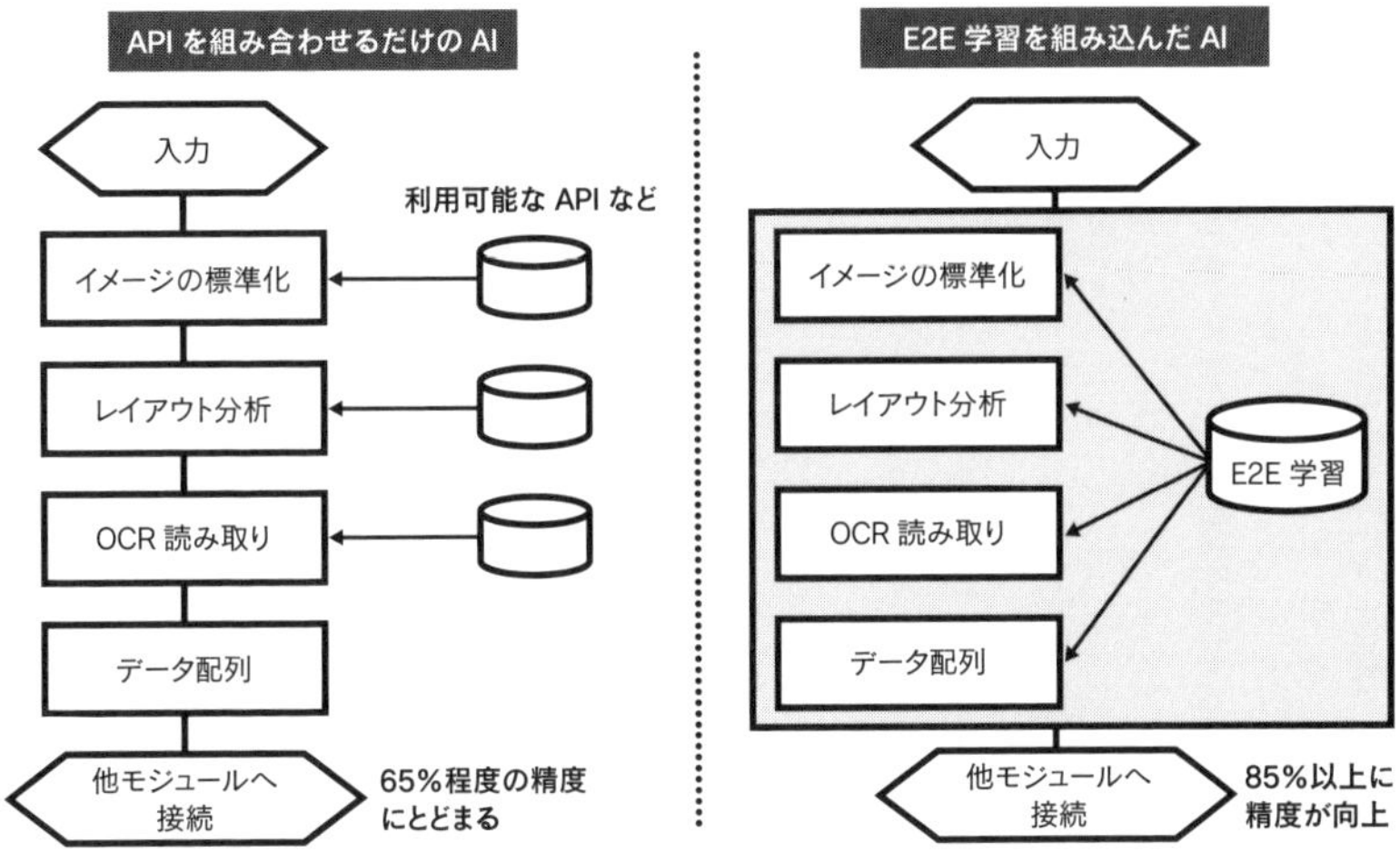

量」「単価」「総額」などに分類して整理する（データ配列）。この4つを通過して整理された（＝構造化された）データが出力されて、次のモジュールに引き継がれるというわけだ。

これら1つひとつの機能については、グーグルを筆頭に、すでに学習済みの有用なライブラリがいくつも公開されているので、そこから定評のあるものを選んで組み合わせればいいだけだ。借り物のパーツの寄せ集めでも、全体で65％くらいの精度はすぐに実現できるだろう。100枚のうち65枚は自動で正しくデジタル化してくれるわけで、全部人間が手入力するのと比べれば、それだけでもかなり負担が軽減されるはずだ。なんとも便利な時代である。

借り物は借り物でしかないという現実

ところが、こうしたアプローチでは、AIを自分たちの思ったように賢く育てることはできない。公開されたライブラリは、ある特定の機能を提供してくれるだけで、再学習する機能はほとんど提供されていないからだ。

もっとこうしたい、こういうふうに使いたいというファインチューニング（微調整）ができてはじめてAIを賢く育てられるわけで、最初からそうした機能が提供されていなければ、いつまでも精度65％のまま利用し続けるしかない。ループを回すことで学習用のデータを自動的に収穫し、それをＡＩに再学習させることで精度を上げていくのが本来の狙いなのに、再学習する仕組みがなければ、ＡＩは永遠に同じ精度のままなのだ。

しかも、そうして提供されたそれぞれのパーツは、自社でなくても誰でも組み合わせて利用できる。ということは、まったく同じ機能をもつＡＩを、他社も容易につくれてしまうということだ。自社データで再学習する仕組みがあれば差別化できるかもしれないが、それすらないとすると、すぐに追いつかれるのは目に見えている。

もしかしたら、ライブラリを公開している企業が社内で再学習を進めて、さらに精度の高いライブラリを提供してくれるかもしれない。しかし、仮にそうだとしても、それは自社のモデルにとっては部分最適にしかならない。たとえば、ＯＣＲの精度だけが80％から90％に上がったとしても、それが必ずしも全体の精度向上につながるわけではないからだ。

ＡＩを賢く育てるにはE2E学習が不可欠

そこで、次に求められるのが、自前でＡＩモデルを構築することだ。パーツの寄せ集めを脱すれば、最初から最後まで一気通貫でＡＩをトレーニングすることができる。これを「**Ｅ２Ｅ（End to End）学習**」という。Ｅ２Ｅ学習は、ハーベストループを回し続けるための前提となる。

つまり、スタート時は何よりもスピードが大事なので、ありもののAPIやライブラリを組み合わせていち早くAIモデルを実現する（［図1－7］の左）。しかし、いったんモデルができ、ループが回ってデータを収穫できるようになったら、できるだけすみやかに自前のシステムに移行して、E2E学習でAIを賢く育てていく（同右）。こういう二段構えの取り組みが求められているのだ。

1回だけなら借り物の組み合わせでも勝てるかもしれない。しかし、そこは誰でも参入可能なレッドオーシャンだ。その勝利は瞬間風速でしかない。勝ち続けるには自前のシステムが不可欠なのだ。

ただし、自前のシステムといっても、すべて自社開発する必要はない。オープンソースを使えば開発期間を大幅に短縮できるし、外部ベンダーの手を借りれば、社内にエンジニアを大勢抱えなくても開発できる（CHAPTER 6を参照）。

E2E学習が有利なのは、最初から全体最適を目指して訓練できるからだ。先ほどの例では、最終的に手書きの文字が正しく読み取れればいいわけで、それぞれのパーツの精度は、じつはそれほど大きな問題ではない。

たとえば、請求書や領収書から合計金額を間違いなく抽出するのが最大の目的だったとすると、OCRの精度が低くて、仮にアルファベットの「O《オー》」と数字の「0《ゼロ》」の区別がつかず、全部「0《ゼロ》」と読み込んでしまうとしても、合計金額がほぼ100％の確率で抽出できれば、そのほうが役に立つ。この場合はむしろ、たとえわずかでも「0《ゼロ》」を「O《オー》」と誤って読み取ってしまうことのほうが問題なので、個別のパーツの出来がよいかどうかよりも、全体としての精度が最大化されるように、AIモデルをつくったほうがいいわけだ。

それを可能にするのが一気通貫のE2E学習だ。自分たちの目的に応じて独自に育て、収穫したデータを自前のAIに与えて、自分たちで再学習を進めるからこそ、精度を上げていくことができる。最終的に85％以上という高い精度を実現できれば、借り物のパーツでシステムを組んだライバルよりも2割増しで優位なポジションにつけられる。それだけ精度に差があれば、コスト競争力上でも優位だし、AIによって実現するサービスの質にも開きが出るだろう。

APIやライブラリの組み合わせだけでは、差別化のための戦略デザインが完成しない。E2E学習の考え方を取り入れていかないと、これからの競争に勝ち残れないことは肝に銘じておくべきだろう。

日本は得意な垂直統合モデルで勝負する

ところで、［図1－7］の左右の図を見比べて、かつて日本の電機メーカーやエレクトロニクス産業を襲った水平分業化の荒波を思い出した人もいるかもしれない。

右側の図は、「系列」に代表される日本の産業構造を思わせる。かつて日本の産業は、元請けと下請け、孫請けが密接に結びつき、細かいところをすり合わせながら（ここでいう「すり合わせ」は「ファインチューニング」そのものだ）全体最適を志向し、質の高い製品を世に送り出して世界中を席巻した。1990年代のバブル崩壊以前の日本の勝ちパターンだ。

それに対して、欧米は個々のパーツをモジュール化して、世界中に横展開する競争を挑んできた（左側の図）。象徴的なのがパソコン業界で、コンピュータの頭脳であるCPU（中央演算処理装置）をインテルに、基本ソフトのOS（オペレーティングシステム）をマイクロソフトに握られた日本勢は、いちばん儲かるレイヤーからつまはじきにされ、ただの「組み立て屋」というポジションに追い立てられた。さらにのちには、やがてその座さえ、中国や台湾の新興メーカーに奪われることになる。

そしていま、AIの世界でもまったく同じことが起きている。個々のパーツの性能でいえば、GAFAMのような資金力も開発力もケタ違いの大手に対抗するのは難しい。彼らが提供する高性能の標準品を組み合わせれば、そこそこの精度のAIをつくることができる。便利だし、コストパフォーマンスも高いが、そこで得られるのは結局、利幅の薄い「組み立て屋」のポジションでしかない。水平分業化する世界の中で、かつての日本企業がたどった道だ。

それに対して、自前ですべてコントロールするE2E学習は、日本が最も得意としてきた垂直統合モデルそのものだ。
標準化競争に慣れたGAFAMは個別の機能を強化して、水平分業されたレイヤーを取りにくる。「このレイヤーでは自分たちのAPIを使わないと勝負にならないから使ってね」というのが彼らの戦い方だ。たとえそこが乱打戦になっても、豊富な資金力をバックに、優秀な人材を大量に投入したり、ライバルを買収したりして、物量作戦を展開して最終的に勝利する。あるレイヤーを独り占めできれば、先行投資した分はあとからいくらでも回収できるのを知っているからだ。

一方、私たち日本企業は、彼らのロジックに乗っているだけでは、ただの「お客さん」どまりで、その先の展望が描けない。標準化されたモジュールをつくることにかけては、GAFAMに太刀打ちできないかもしれないが、極端な話、「数字とカンマと円記号だけを間違いなく読み取れればいい」というところにまで機能を絞り込んでしまえば、大手が用意している汎用のOCRよりも精度の高いOCRエンジンを自分たちでつくることはできる。そうやって自分たちの目的に合わせて、必要な機能を1つひとつ地道に実現し、E2Eで全体最適を志向していけば、十分勝機はあるはずだ。

そしてそれは、日本企業が本来持っていた強みを生かすことでもある。これをやらない手はないのである。

Chapter 2

AIで何を実現するかを見極める

戦略デザイン構築のための基盤づくり

「技術者でなければＡＩはわからない」のウソ

ＡＩを使うかどうかを議論する段階はもう過ぎた。いまはＡＩを使って何を実現するか、どんなビジネスを構築するかを決める段階だ。

CHAPTER 1で見てきたように、たとえ技術がわからなくても、ヒューマン・イン・ザ・ループの考え方を取り入れることで、ＡＩを自社の戦略デザインに組み込むことは十分できる。むしろ、いまはビジネスで役に立つ事例が続々と集まっている状況なので、他社のケースを見ながら、自社がどこでどう勝負するか、見極められる時代になっている。

［図２－１］は、リサーチ会社の「ＣＢインサイツ」が発表した「ＡＩスタートアップのトップ１００」を分類したものだ。上段は２０１７年、下段は２０２０年のリストである。個々の企業名ではなく、企業が含まれているセグメントに注目してみてほしい。

２０１７年の段階では、「対話ボット」や「画像（Vision）」「自動化」「ロボティクス」「サイバーセキュリティ」など、ＡＩの機能別にスタートアップが配列されている。

これが２０２０年になると、「ヘルスケア」「ファイナンス・保険」「物流」「卸・小売」「政府・都市計画」「メディア・エンタメ」「教育」など、市場ごとのセグメントになっている。つまり、わずか数年前まではＡ

［図2-1］ AIスタートアップのトップ100比較

2017年

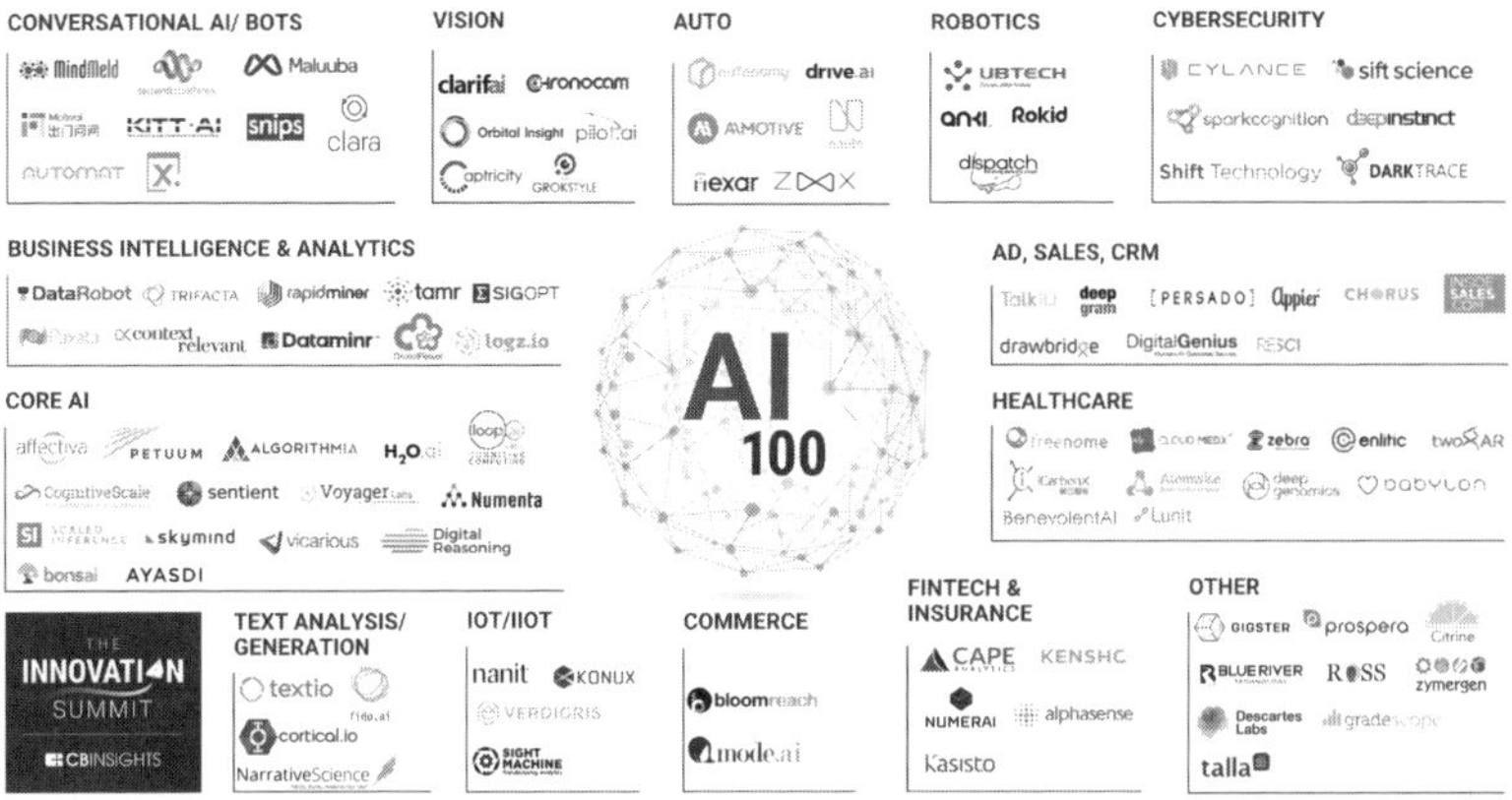

2020年

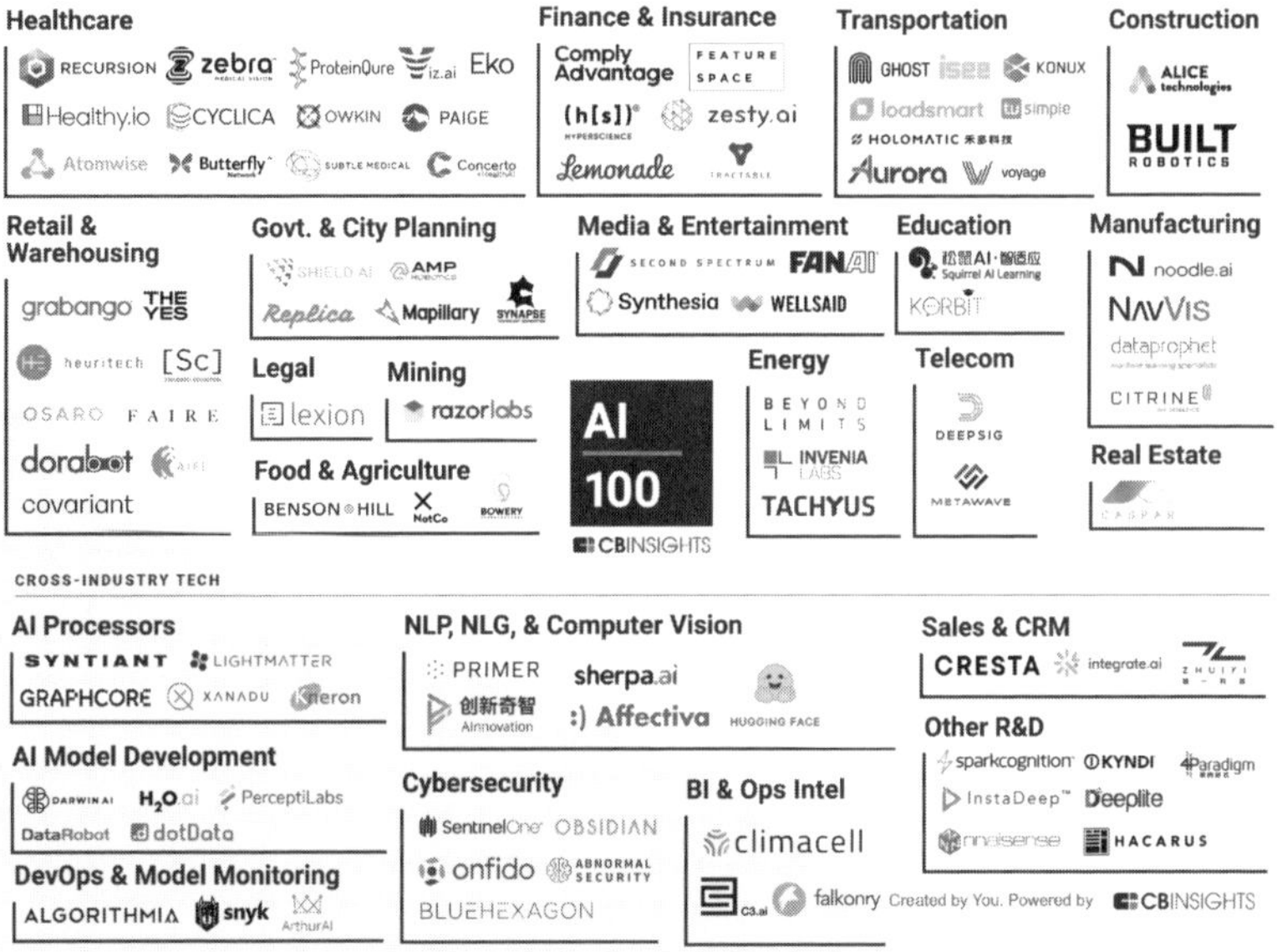

［出典］ CB Insights. AI 100: The Artificial Intelligence Startups Redefining Industries, March 3, 2020.
［https://www.cbinsights.com/research/artificial-intelligence-top-startups/］

Ｉはテクノロジーベースで語られるのが一般的だったのが、いまはビジネスの現象面から分類されるようになったのだ。それだけ具体的な事例が増えてきたということが、こうしたリサーチからも読み取れる。

逆にいえば、どのドメインでどんなビジネスが展開されているか、だいたいわかる状態になっているのだ。自社が教育関連事業なら、その分野の先行事例を研究すればいいし、ヘルスケア事業なら、こういうパターンで勝てるということがある程度見通せる。ここでは１００社が取り上げられているが、勢いのあるスタートアップは世界中で５００社以上あるから、それぞれのケースを深掘りしていけば、自社の戦略を考えるときのヒントになる。

要するに、自社にＡＩの技術者がいないからといって、ＡＩのことはわからないという言い訳はもはや通用しないということだ。純粋にビジネス戦略の一環として、ＡＩをどう使いこなすかが問われているのである。

AIが実現する5つの「最終価値」

じつは、すでに世の中にたくさんあるＡＩのユースケースを分解していくと、ＡＩが発揮している価値は５つのパターンに集約できる。本書ではそれを「**最終価値（End Value）**」と呼ぶ。ＡＩを使うと何ができるのか、結局どんな価値が実現できるのかということだ。

[図2-2] 考えるべき「5つの最終価値」

AI を使うとどんな価値が実現できるのかをまず考える

順番に見ていこう。

1つめはストレートに「**売上増大**」。アマゾンなどのECサイトで「おすすめ商品」を提案してくるレコメンデーションがわかりやすい例だ。レコメンドエンジンを置くと、売上の10％増、20％増が狙える。さらに、買ってくれたユーザーに対して「その商品を買った人はこんな商品も買っています」とフォローアップすれば、さらに売上を伸ばすことができる。フォローアップの内容はもちろんAIによってパーソナライズされている。ユーザー1人ひとりに対して別々の提案を届けるわけだ。

2つめは「**コスト削減**」で、たとえば1000人でやっていた仕事をAIによって3割自動化することができれば、300人分の人件費が浮く。これはCHAPTER 1で説明したとおりだ（52ページ）。

3つめは「**リスク／損失予測**」で、問題が発生する可能性を事前に察知して、被害を最小限に食い止めることを目指す。たとえば、工場で機械のモーターから異音が聞こえてきたときに、その音を察知して、「もうすぐ故障するからこの部品を交換すべき」というアラートを出せば、生産工程をストップすることなくリカバーできる。

4つめは「**UX（ユーザー体験）向上**」で、よりよい顧客体験をAIによって提供できれば、より一層ユーザーを魅了したり、サービスからユーザーが離脱するのを防いだりすることができる。たとえば、保険に加入したり、クレジットカードを申請したりするときに、手続きが面倒だと途中で断念してしまう人が多くなる。だが、チャットボットなどを使って、登録手続きの煩雑さを取り除けば、それだけ申込件数アップが期待できる。

最後が「**R&D（研究開発）加速**」で、たとえば老舗のR&D企業では、過去にさまざまな実験をしてきたはずだが、そうしたナレッジをうまく活用しきれていないケースが目立つ。いまだに何十年も前に手書きで書かれた論文を図書室にこもって読むといったことが平然と行われたりしているのは、そもそも論文がデータ化されていなかったり、データ化されていても数式や化学式は検索できなかったりするからだ。これらをOCRでデータ化して、全文検索できるようにするだけでも意味があるし、このあたりは自動化できる余地がたくさんある。

AI導入を戦略デザインに組み込むための基盤づくり

5つの最終価値ごとに、役に立つケースを分類したのが［図2－3］だ（76ページ）。横軸は人間の関与の度合いを表し、左に行くほど「自動化」、右に行くほど「エキスパート・イン・ザ・ループ」の要素が強くなる。真ん中あたりは「ヒューマン・イン・ザ・ループ」の事例となる。

以下、この分類に沿って事例をいくつか紹介するが、最初に断っておきたいのは、この図を理解することがゴールではないということだ。

すでに述べたように、AIを戦略デザインに組み込んで勝ち続けるには、二重、三重のハーベストループ構造をつくることが不可欠だ。ここで紹介するケースは、あくまでも1つめのループ構造をつくるための「材料」「素材」にすぎない。

AIを使ってある価値を実現したとして、それを1回限りの勝利にしないためには、AIが学習するためのデータが半ば自動的に入り続ける構造をつくる必要がある。それによってAIを育て、勝ち続けるためのハーベストループを回し続ける。

それが真の狙いなので、「最終価値」のレイヤーだけにとらわれてしまうと、かえって本質を見誤ることになる。各論好きの日本人が陥りがちな罠なので、あえて最初にお断りしておいた。

したがって、これ以降の解説は、AIはこんなふうにも使えるという事例を並べたものだと理解してほしい。自社のビジネスに応用できそうなヒントを見つけるくらいの心づもりで読んでいただくのがいいだろう。

［図2-3］ AI活用事例を「最終価値」別で分類する

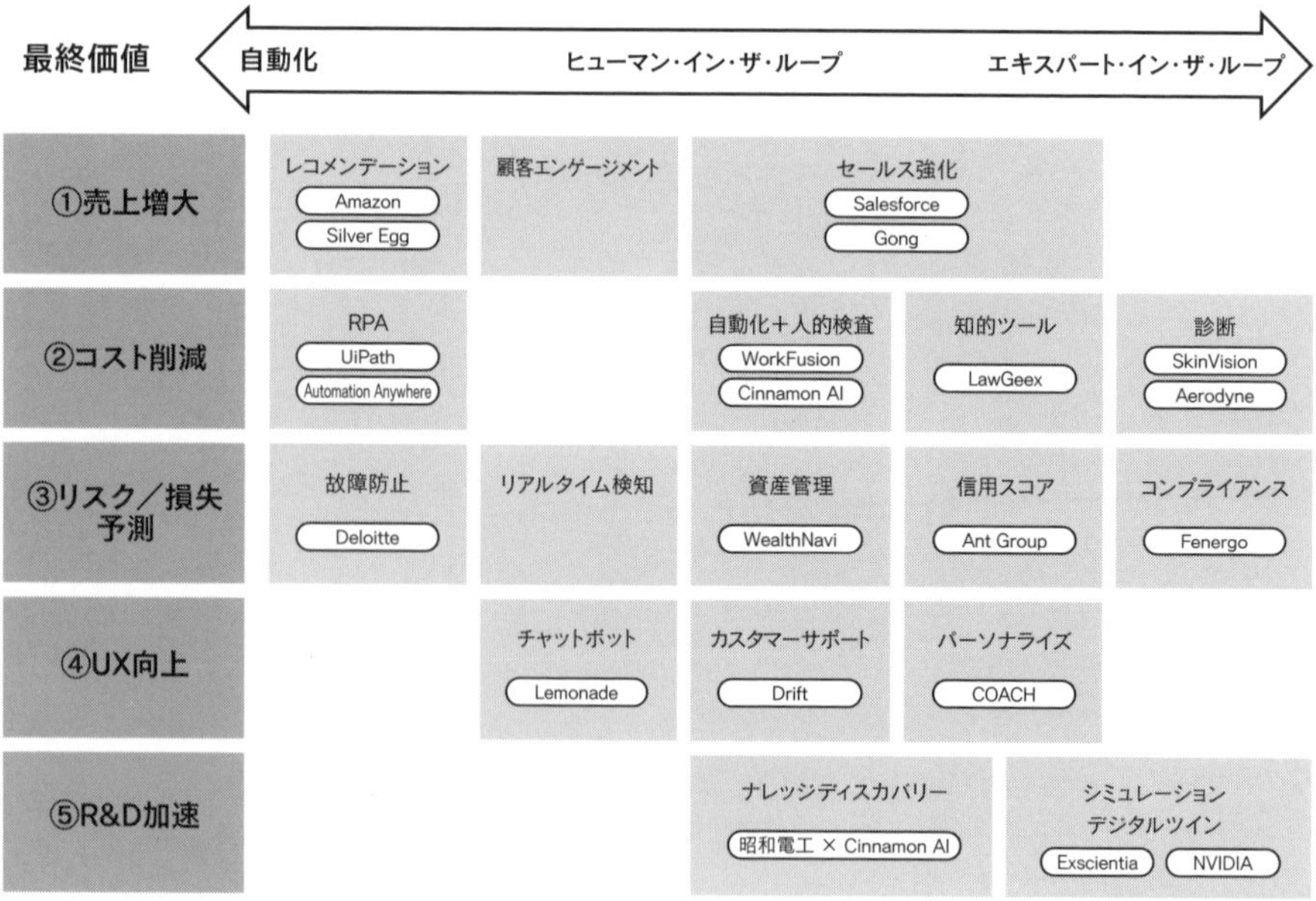

「売上増大」を実現するAI――最終価値①

では、［図2－3］の「①売上増大」の行から順に解説していこう。繰り返しになるが、右に行くにしたがって、人間の関与の度合いが増えていく。

レコメンデーション

売上増大に直結する「自動化」の例でわかりやすいのは、すでに触れたアマゾンなどの「レコメンデーション」だ。ショッピングサイト上でAIが訪問ユーザーの趣味・嗜好を自動的に計算し、そのユーザーに合わせた商品を「おすすめ商品」として表示する技術である。これにより、もともと買う予定がなかった商品の「ついで買い」が期待でき、売上増大につながる。

ここは「シルバーエッグ・テクノロジー（Silver Egg Technology）」のようないぶし銀の人たちが手がけてきた分野でもある。

顧客エンゲージメント

自動化アプローチで最近流行っているのは、「顧客エンゲージメント」、つまり、お客様との信頼関係づく

[図2-4]カスタマージャーニーと顧客エンゲージメント

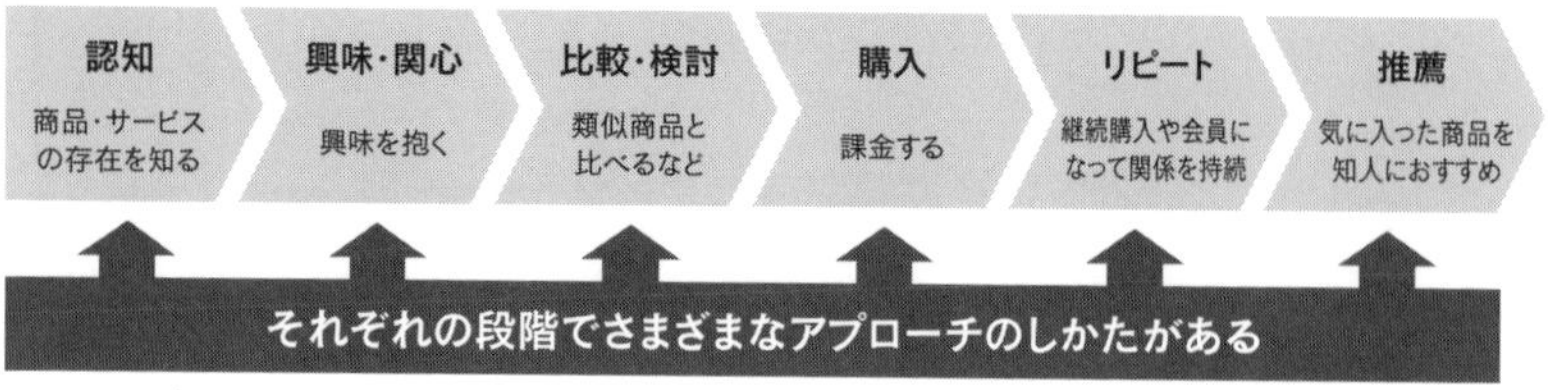

りの自動化だ。

顧客が商品やサービスの存在を認知してから、類似商品・サービスとの比較・検討を経て、実際に購入し、場合によってはリピーターになるまでの一連のプロセス（カスタマージャーニー）に対して、メールを送ったり、プッシュ通知をしたり、パーソナライズされたコンテンツを届けたり、顧客が注文しやすいようにランディングページを工夫したりする。このように、あらゆる局面をとらえてひたすらアプローチをかけ、それを最適化していけば、売上が上がる。

それに特化したベンチャーがあるというよりは、メーカーが消費者と直接つながる**「D2C（Direct to Consumer）」**型の企業なら当たり前にやっていることである。

セールス強化

セールス強化は、その名のとおり「ＡＩによる営業部門の支援・強化」を意味するので、必然的に「ヒューマン・イン・ザ・ループ」、あるいはより高度な「エキスパート・イン・ザ・ループ」のアプローチとなる。

一番手にあげられるのは、ＳａａＳ（Software as a Service）を利用した営業支援では他社の追随を許さない「セールスフォース・ドットコム（Salesforce）」だ。セールスフォースのＡＩ「アインシュタイン」は、セールス担当者がどの人にどんなアプローチをかければいいかを教えてくれる。たとえば、相手がウォール街に勤める金融マンなら、「ニューヨーク・タイムズ」に掲載される人事情報などから、昇進のタイミングまでわかる。そこで、「この人はそろそろ転職のタイミングかもしれないから、転職の声かけをしてみたら？」とレコメンドしてくれる。相手の経歴や会社情報、さらには本人のブログやツイッターの書き込みまで見つけてきてくれるので、初対面でもその人のことを以前から知っているかのように話すことができるのも、セールスフォースならではだ。

見込み客を探してくることと、見込み客に電話をかけることは自動化できるので、人間に残される仕事は、電話に出た相手とアポイントをとること（コンタクトマネジメント）と、相手と実際に会って商談をまとめること（フィールドセールス）になる。コンタクトマネジメントは専用のコールセンターにアウトソーシングするのが一般的なので、セールス担当者は見込み客と会って成約することだけに注力できる。

２０２０年8月に2億ドルを調達した「ゴング（Gong.io）」は、セールスコール（営業電話）の効率を上げるサービスを展開している。コロナショック以降、Ｚｏｏｍなどを通じたオンラインコールでセールスが行われるケースが増えているが、ゴングはセールストークの内容を聞いていて、「この人のセールストークは、この部分に問題があるから話し方を変える必要がある」などとフィードバックすることができる。

［図2-5］セールス担当者の仕事内容が変わる

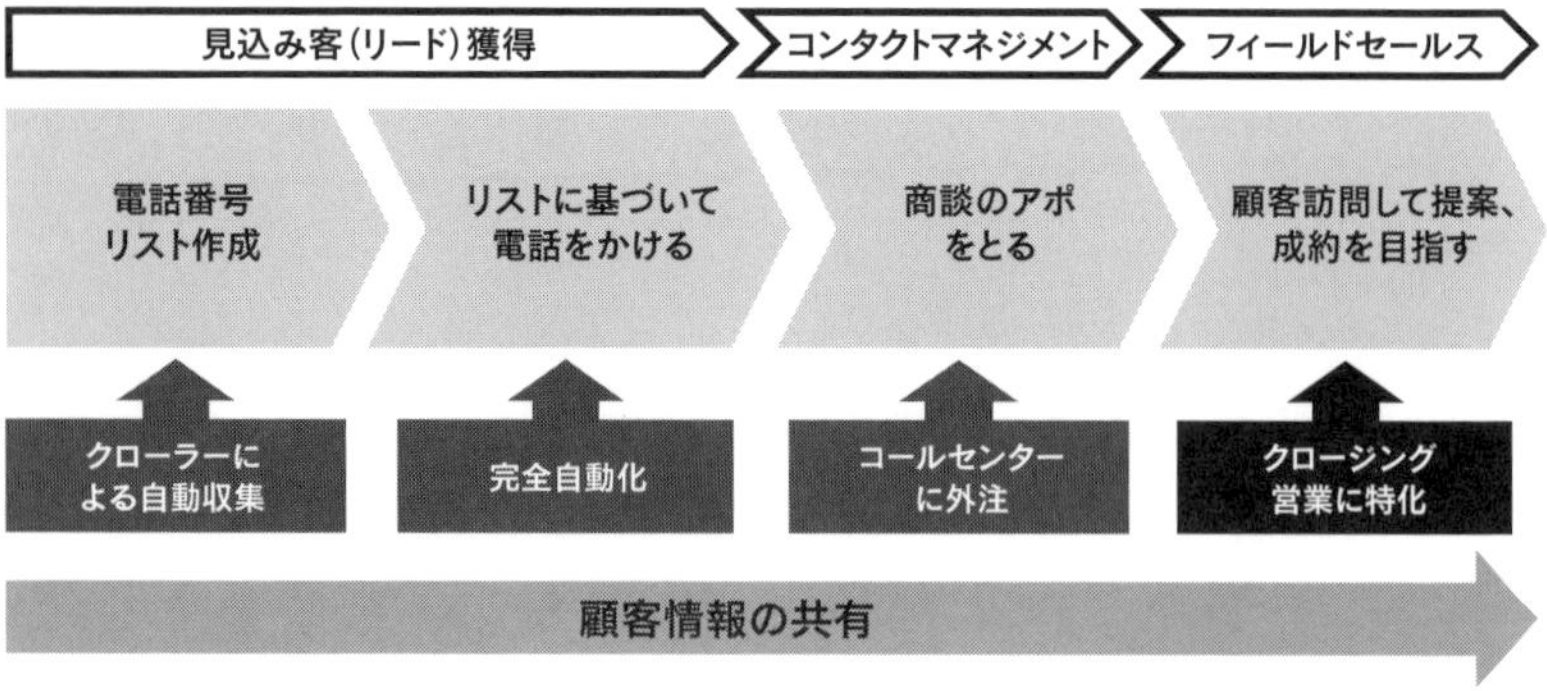

いままでは、1人の優秀なセールス担当を育てるためには、ハイパフォーマーの先輩が後輩のトークを聞いて、「そんなときはこう伝えなさい」「そういう人にはこんなフレーズが効く」などと直接フィードバックしなければならなかった。ゴングが革新的だったのは、人材育成の一部を自動化することで、高い売上を誇るハイパフォーマーが本業に専念できるようにしたことだ。

それによって売上が増えるだけでなく、売れるトーク、売れないトークのデータがたまっていくことも忘れてはいけない。顧客に合わせた営業トークのスクリプト（台本）がどんどん緻密になっていくため、ゴングの提案能力もさらに向上していくわけだ。

「コスト削減」を実現するＡＩ――最終価値②

続いて、「②コスト削減」のケースを［図２－３］左側から順に見ていこう。

RPA（完全自動化）

業務効率化のために完全自動化するというと、「RPA（ロボティック・プロセス・オートメーション）」が思い浮かぶ人も多いだろう。

エクセルのデータをほかのところにコピーして別の文書を作成するなど、繰り返し発生する作業をオートメーション化する技術のことで、ほとんどルールベースで記述されるプログラムだが、一部AIが入っているケースもある。リクルートなどでは、社内業務の至るところにロボットが導入されていて、成果も出ている。RPA専業の「ユーアイパス（UiPath）」や「オートメーション・エニウェア（Automation Anywhere）」のようなユニコーン（評価額10億ドル以上のスタートアップ企業）が多数登場している。

知的自動化＋人的検査

自動化の最大の敵がエラーだ。

たとえば、AI－OCRで書類を自動で読み取るときに、自動車の運転免許証ならほぼ100％読み取れたとしても、会社ごとに仕様が異なる非定型の書類などでは、一定の割合で読み取りエラーが発生してしまう。その場合、読み取れなかった部分は人間がチェックする必要があるが、BPO（ビジネス・プロセス・アウトソーシング）会社が中国などに丸投げして、人間がすべて手入力していた時代と比べれば、かかる人手は格段に減る。

以前なら入力に1000人かけていたところが、半分の500人になって、その人たちはうまく読み取れなかったものをひたすらチェックすることになる。これが「コスト削減」を実現するためのヒューマン・イン・ザ・ループ型のアプローチとなる。「RPA2・0」ともいうべきアメリカのユニコーン「ワークフュージョン（WorkFusion）」が有名だ。

堀田が創業した「シナモンAI」の製品もこのパターンを得意としていて、第一生命とAI－OCR基盤を構築し、病院ごとに異なる診断書や、本人確認のための健康保険証などを自動で読み取るプロジェクトを推進している（46ページ）。

専門家のための知的ツール

イギリスの「ローギークス（LawGeex）」は弁護士向けに契約書のレビューツールを提供している。たとえば、「分厚い契約書の第8章に出てくるこの単語の定義は何か」ということを、いちいち第2章の用語の定義を確認しなくても、その単語にマウスオーバーするだけで、用語の定義をポップアップ表示してくれる。

弁護士のレビュー業務を丸ごと置き換えるのではなく、1回1回該当箇所を検索して用語の定義を確認するという面倒な作業を代替することで、レビュー時間を大幅に短縮できるのだ。弁護士は手を動かして確認する作業から解放されて、リスク判定など、人間がやらなければいけない仕事に集中できる。

しかもこのＡＩは、弁護士が使えば使うほどツールの精度が上がり、効率的にレビューできるようになる。弁護士本来の仕事をエンハンスするという、まさにエキスパート・イン・ザ・ループの典型的な事例といえる。

一方、リーガルサービスの利用者側の視点でいえば、レビュー作業が簡便化することで、いままで法務に確認すると5営業日かかっていたのが、ＡＩだと数分で評価できたりするので、現場で即決できるケースも増えるだろう。法務を通すにしても、意思決定のスピードは格段に上がるはずだ。

法律事務所や会計事務所の仕事のうち、データを収集・整理するタイプの仕事は、長い目で見ればＡＩに取って代わられる。その第一歩が、大量の契約書の参照関係を自動で抽出して作業効率をアップするタイプの活用で、現在はこのステップが中心だ。

しかし、それによってコストダウンが実現し、価格が下がってくれれば、大企業のみならず、中小企業や個人事業主でも、プロのリーガルサービスや会計サービスを利用できるようになる。

さらに、利用者が増えれば、レビュー件数もたまってくるので、定型的なものを中心にＡＩがリスク判定をサポートできる領域も広がっていくだろう。リスクが予測可能なものになれば、たとえば、契約が不履行になったときのための保険商品も設計できる。そうやって段階を踏みながら、ＡＩができる仕事の幅が広がっていくのだ。

もう1つ、エキスパート・イン・ザ・ループ型のコスト削減の事例としては、「診断」という巨大な領域が広がっている。

診断

わかりやすいのは医療画像診断だ。CTやMRIで撮影した画像をAIで認識して医師の診断をサポートする医療現場向けのサービスもあれば、一般ユーザー向けのオンライン健康診断サービスもある。スマホで写真を撮って皮膚ガンかどうかを診断するアプリ「スキンビジョン（SkinVision）」などが有名だ。

高速道路やトンネル、送電網などの設備点検も同じで、画像を読み込ませて学習させれば、異常に対してアラートを出せるようになる。

マレーシア発の「エアロダイン（Aerodyne）」はドローンを飛ばして通信設備や送電網、風力発電、石油精製施設などの点検を行うスタートアップで、日本進出も果たしている。巨大な設備やあちこちに点在する施設を人間が点検するとなると、人件費だけでもかなりかかるが、ドローンを飛ばして写真を撮れば、AIが不具合を発見してくれる。それを専門家が見て、交換や修理などの具体的な行動に落とし込む。

サイバーセキュリティに関しても、サイトの安全性をチェックする部分はかなり自動化が進んでおり、AIがアラートを出したものを最終的にコンプライアンス担当が判断するようになっている。この種のAIと人間の組み合わせ事例は増えており、ユニコーンやそれに続く規模のスタートアップがズラリと並んでいる状況だ。

「リスク／損失予測」を実現するAI――最終価値③

次は、「③リスク／損失予測」のケースを紹介する。［図2―3］と照らし合わせていただくことをおすすめしたい。

故障防止

リスクを自動的に予測するAIとしては、まず工場などの「故障防止」があげられる。機械が故障して生産がストップすれば、大きく損失が広がりかねないため、故障を事前に検知して予防的措置をとれるかどうかが重要になる。

故障するのはたいてい可動部分なので、モーターの近くにマイクを設置して異常音をとらえたり、画像解析と電圧のノイズを解析することでマシンの挙動がおかしくないかを自動でチェックする。とくに工場を丸ごとIoT化するスマートファクトリーでは、生産設備の最適化・デジタル化の一環として故障防止システムが組み込まれることも多く、中国の先進的な工場では、こうした取り組みがかなり進んでいる。「デロイト（Deloitte）」などが得意とする分野でもある。

故障を事前に予測する仕組みがうまく回れば、生産活動停止などの事態に備えた保険に対するニーズも変わってくる。保険会社にしてみれば、事故が起きないほうが儲かるので、最初からメンテナンス代込みでローンを提供するようになってきた。ＡＩによってメンテナンスコストを最小化しつつ、保険金の支払いケースも減らせれば、保険会社にとっては一石二鳥となり得るからだ。

もちろん事業会社も、メンテナンスコストを含めたローン費用を削減できる。さらに、機械が故障しなくなれば、それを中古市場に売却する際の買取価格も下がりにくくなる。

そこで、いくらで買い取るという中古の買取保証も増えてきた。あらかじめ買取保証付きでローンを組めば、もっと安く借りられる。実際、中古市場が発達した自動車業界では、メーカーが買取保証付きのローンを提供するのが当たり前になっている。「故障防止」のハーベストループがうまく回れば、保険や中古買取市場のダブルハーベストループも回り出すのだ。

リアルタイム検知

もう1つの自動化は「リアルタイム検知」で、たとえばクレジットカードの不正利用の検知などがそれに当たる。ふだんはシンガポールと日本でしか使われていないカードがいきなりカンボジアで使われたら、自動でストップがかかる。そのうえで、利用者がカード会社に電話して、いま本人がカンボジアにいることが確認されたら、アンロックする仕組みになっている。

こうしたリアルタイム検知は、すでに銀行やカード会社のシステムではふつうに行われている。アンチマネーロンダリング（資金洗浄防止）にも、ＡＩによるリアルタイム検知が有効とされている。

資産管理

「資産管理（アセットマネジメント）」分野では、さまざまなフィンテック系のロボアドバイザーが登場している。完全にオートマティックにナノ秒単位でトレーディングするようなロボットもあるし、分散投資のポートフォリオの組み換えまで自動化した国内No.１の「ウェルスナビ（WealthNavi）」のようなサービスもある。

その一方で、投資判断の一歩手前のレポートまではＡＩが作成しつつ、最終的な判断は人間が行うヒューマン・イン・ザ・ループのパターンも広く受け入れられている。

信用スコア

エキスパートをサポートするタイプの「リスク／損失予測」の事例としては、「信用スコア」がある。個人の信用情報をスコア化したもので、アリババ傘下の「アントグループ（蚂蚁集团／Ant Group）」が提供する「芝麻信用（セサミクレジット）」がよく知られる。信用スコアが高い人は、低金利でお金を借りることができたり、住宅を借りるときに敷金や礼金などを負担しなくてよかったりする。

銀行などの金融機関をあいだにはさまず、貸し手と借り手をネット経由で直接マッチングさせるP2Pレンディングや、小口融資のマイクロファイナンスでは、信用スコアはほぼ自動化されている。もともと金額が小さいので、リスクがそこまで大きくないからだ。

しかし、たとえば住宅ローンのような大きめのローン審査の場合は、信用スコアを参考にしながらも、実際には担当者が決めている。銀行の審査担当者の仕事の8割は、審査にまつわるさまざまなコミュニケーションだといわれているので、信用スコアの導入によってその部分の負担が少しでも軽減されれば、銀行としても、それだけフレキシブルにお金を貸せるようになるはずだ。

コンプライアンス

リスク予測とエキスパート・イン・ザ・ループの組み合わせの最後の事例は「コンプライアンス（法令遵守）」だ。レギュレーション（規制）とテクノロジーの造語「**レグテック**」の世界では「フェナーゴ（Fenergo）」が有名だ。

金融の世界では、各国の規制当局から日々さまざまなレギュレーションがおりてくる。日本とEUではルールが違うし、シンガポールのように先進的な取り組みをしている国では、それこそ毎週のようにレギュレーションがアップデートされる。該当企業は「知らなかった」ではすまされないので、規制対応に忙殺されることになる。

マネーロンダリングに対する国際的な監視網が強化されるなか、各国の規制はより厳しくなる傾向にあり、**KYC（Know Your Customer：本人確認）**の手続きを自動化したり、不正な口座取引などを監視したりするアンチマネーロンダリング関連のスタートアップが大量に登場した。

銀行サイドでは、コンプライアンスのスペシャリストが毎回政府の話を聞くことになるが、コンプラ担当が内容を理解していても、現場でスクリーニングしている人たちに話を通しておかなければ、法令違反が発生してしまう。そこで、レギュレーションの変更に合わせてアップデートを繰り返す便利ツールとして、フェナーゴが各国の銀行に採用され、コンプラリスクを軽減する巨大なレグテック企業となっているのだ。

「UX向上」を実現するAI――最終価値④

続いて、「④UX（ユーザー体験）向上」の事例を見ていこう。ここまでと同様、［図2－3］に沿って解説していく。

チャットボット・オンボーディング

ＵＸ分野で自動化が進んでいるのは、チャットボットを使ってユーザーの使い勝手を向上させたり、口座開設に必須のＫＹＣの手続きを自動化したりして、顧客の定着を図る分野だ。チュートリアルや使い方動画、チャットボットなどを通じて、顧客がサービスから離脱しないようにするプロセスを「**オンボーディング**」という。

従来、人が個別にユーザーの質問に答えていた部分をチャットボットで自動化すれば、それだけ手間が省ける。ユーザーに合わせた個別の対応もボットがしてくれるから、人間に回答してもらうよりもいいというユーザーも少なくない。だが、裏側には人間が隠れていて、信用状態がグレーゾーンのユーザーを相手にするときは、人間が出てきて対応したりする。

たとえば、ソフトバンクグループが出資するオンライン住宅保険の「レモネード（Lemonade）」は、従来は1週間以上かかっていた住宅保険への加入手続きを、チャットボットを使ってわずか90秒に短縮した。自動化によって浮いたコストで低価格を実現し、月額9ドルの保険を販売して人気を得た。

手続きの簡略化も価格戦略も破壊的なため、ユーザーに広く受け入れられ、２０２０年7月2日にＩＰＯ（新規株式公開）し、ニューヨーク証券取引所で取引が開始された。

カスタマーサポート

カスタマーサポートの入り口がチャットボットになっているウェブサイトが増えている。よくショッピングサイトの右下にチャットボットウィンドウが立ち上がって「How can I help you?」などと表示されているタイプだ。「ドリフト（Drift）」が提供しているAIボットをサイトに導入すれば、簡単なFAQ（よくある質問）はすべて自動で対応してくれる。そこで対応しきれないユーザーに対しては、専門家が出てきて個別に対応すればいい。

ECサイトのサポートセンターでは、商品や配送に関するクレームや返金対応などが多くなる。メーカーの場合も、故障やトラブルなどのクレーム処理が中心だ。

たとえば、IoTと組み合わされて、機械が故障すると自動でメッセージが送信されるサービスがある。メッセージをクリックすると、チャットボットが対応するが、それでさばききれないときは、ボットが「あとで担当者が直接電話を入れるので、電話してもいい時間を教えてください」といってくる。時間を入力すると、セールス担当が電話をかけてくるが、ユーザーの情報や過去の対応状況などはダッシュボードで一覧表示されているので、無駄なやりとりが発生しにくい。現地で修理が必要なら、修理担当者がスマホでそのやりとりを見て、直接オンラインで会話しながら現地に向かうといったことも可能になる。

誰がどこに行ってどう対応するのか。セールス担当がやりとりすれば済む話なのか。技術者が入らないとわからないのか。客先に出向く必要はあるのか。その顧客とのやりとりに必要なマニュアルはどれか。

そうした情報を相手から引き出して判断するのは、コールセンターの人間ではなくＡＩだ。対応が後手に回るとマズいハイエンドユーザーに対しては、最初からいちばん優秀なセールス担当や、先方と相性のいい担当者を割り当てることもできる。

また、銀行はオペレーションが複雑なことで知られるが、個々のケースに合ったマニュアルを自動で提示してくれれば、あとの処理は人間がやればいいことになる。

パーソナライズ

リアルな店舗、たとえばスーパーマーケットや百貨店の売り場でも、ＡＩを使ったＵＸ向上が広がりつつある。顔認証技術と組み合わせれば、顧客が入店した時点で、その人が過去に何を買ったか、どんなやりとりがあったかわかるので、それを踏まえつつ、従業員がさりげなく声をかけたり、あるいは、声をかけないほうがいい顧客については、待ちの姿勢を貫くなど、個別の顧客ニーズに合わせた対応が可能になる。

エルメスなどの高級ブランドでは当たり前にやっていたパーソナライズされたおもてなしが、ＡＩを導入することで、他の小売にも広がっていくはずだ。

さらに、ライフスタイルブランドの「コーチ（COACH）」では、リアル店舗を訪れた顧客がある商品を購入するか迷っていたといった情報を店舗スタッフが記録しておけば、同じ人が同社のオンラインストアを訪れたときに、その商品がレコメンドされるようになっている。これなどはまさに、『アフターデジタル』で詳しく論じた**ＯＭＯ（Online Merges with Offline：オンラインとオフラインの垣根がなくなること）**の事例といえる。

ユーザーの行動履歴のデータは商品開発やプロモーションにも生かされる。たとえば、ディズニーの映画の予告編は、国別にどの部分をどれくらいの尺で抽出して、どこを強調するかということが決まっている。アメコミの『Big Hero 6』という6人組のヒーローものの邦題が『ベイマックス』になったのはその典型だ。アメリカ人には多様性があるチームが活躍したほうが刺さるかもしれないが、日本人には何かふわふわした生き物がウケるということで、まったく違うタイトルでの公開となった。これも、YouTube でさまざまな予告編を流して、視聴数の多いものを選択的に残すという作業を何度も繰り返してきたからできることだ。

パーソナライズされた経験は、いまや至るところに入り込んでいる。たとえば、大学の入学案内も、見る人の出身校やスポーツ歴に合わせて表示されるようになってきた。ラグビーをやっていた人のところに送られてくる入学案内には、さりげなくラグビー部の写真が掲載されていたり、社会人になって活躍するラグビー部ＯＢのインタビュー記事が載っていたりする。それを心地よいと感じるか、気味が悪いと感じるかは、個人の感じ方によるだろう。

「R&D加速」を実現するAI――最終価値⑤

最後に、「⑤R&D（研究開発）加速」の事例を見ていく。といっても、AI自体の研究開発ではなく、AIを使ってほかの分野のR&Dを加速するという意味だ。

ただし、研究開発を完全自動化するというのは原理的にあり得ないので、［図2－3］のとおり、いずれも「ヒューマン・イン・ザ・ループ」「エキスパート・イン・ザ・ループ」の事例となる。

ナレッジディスカバリー

創業から何十年も続いてきたメーカーをはじめ、食品や農産物、医薬品の研究開発の現場では、過去数十年分の膨大な知見がたまっている。

それは特許を取得するような具体的な成果（知的財産）にとどまらず、実験をうまくやるためのちょっとした工夫であったり、過去に発生したトラブル、失敗したケース、すでに試してみた組み合わせであったりと、研究を進めていれば、自然と蓄積されていくようなさまざまなナレッジの集合体だ。

ところが、そうして蓄積されてきたはずの知見の多くは、あとから参照することが非常に困難になっている。

創業間もない新興メーカーでは、最初からそうした知見を共有するための仕組みが取り入れられているかもしれないが、古くからあるメーカーでは、そもそも技術文書がデータベース化されておらず、資料室に手書きの書類の束が残っているだけというケースも珍しくない。そうなると、研究者が資料室にこもって該当する技術文書を探し当てるところから始めなければいけない。これではあまりに非効率だ。

しかも、それだけ苦労しても、お目当ての文書を探し当てられるとは限らない。そのため、同じ失敗どころか、すでに試してみたことを何度も繰り返してしまう愚を避けるためにも、ベテラン研究者の記憶に頼らざるを得なかったりする。知見やノウハウを継承する仕組みがうまく機能していないのだ。

そこで、昭和電工とシナモンＡＩは、ＡＩを用いた技術文書活用システムを共同開発している。[*5] 手書きを含む膨大な紙の資料をＯＣＲで読み取り、デジタル化してデータベースに格納するだけでなく、そのままでは検索できない化学構造式を検索できるようにするなど、使い勝手のいい検索システムを搭載して、利便性を高めている。

過去に蓄積されたナレッジを効率的にディスカバリー（発見）できれば、それだけ研究開発コストが下がり、時間が短縮されるだけでなく、研究の質が上がり、幅が広がる効果も期待できるというわけだ。

もう1つ、メーカーでよくあるのが、過去に発生した品質保証上のトラブルに関する知見が共有されていないという問題だ。

新製品を開発し、製造工程に落とし込んで量産体制に持っていく過程で、メーカーはさまざまな品質保証上の問題をクリアしなければならない。新製品が出るたびに、どんなトラブルが起きて、どういうふうに対処したかというノウハウがたまっているはずで、それは自社固有の貴重なデータソースであるはずだ。

ところが、そうした知見がデータベース化され、共有されていないと、検査をクリアするのに、毎回膨大なコストと時間がかかってしまう。そこで、ＡＩを使ってトラブル事例のデータベースを構築し、手早く検索・共有するためのシステムを導入するのだ。

トラブルを事前に予見して避けることができれば、検査業務が圧縮できる。その結果、製品を投入するまでのサイクルそのものを短縮でき、よりスピーディで低コストな生産体制を築けることになる。これも、ナレッジディスカバリーによってＲ＆Ｄが大幅強化されるケースといえるだろう。

シミュレーション、デジタルツイン

製薬会社やバイオテック業界でユニコーンが大量に誕生しているのには、Ｒ＆Ｄプラットフォームをソフトウェアで実装して、さまざまな実験がバーチャルでできるようになったことが大いに関係している。

わかりやすいのは新型コロナウイルスだ。２００３年のＳＡＲＳ（重症急性呼吸器症候群）のときはウイルスのRNA構造を分析するのに5カ月ほどかかっていたのが、今回のコロナ禍では1カ月くらいでできてしまった。さらに、構造がわかれば、似た構造に対してすでに効果がわかっている薬をリサーチできる。つまり、構造分析や類似した構造の探索にAIが使われているのだ。

新薬開発のためのエマージェントリサーチ（創発研究）でもAIの利用が広がった。いままでは、新しい薬をつくるのに職人の「勘」に頼る部分が大きかったが、さまざまな分子を組み合わせてどんな作用が生じるか、コンピュータでシミュレーションできるようになった。数百万ものパターンを少しずつずらしながら試すことも可能になったわけで、それによって、ガンに効く薬や、コロナウイルスに効く薬の開発期間を大幅に短縮することが期待されている。

製薬会社の「エクセンシア（Exscientia）」は、薬を見つけるためのシミュレーションをある程度自動化して、新薬開発期間の短縮をはかっている。

さらに、重要なのが「**デジタルツイン（Digital Twin）**」だ。これは、仮想空間上にリアル世界と同じシミュレーション環境をつくることを指す。

たとえば、自動車の運転シミュレーションや飛行機のフライトシミュレーションでは、現実のコースをバーチャルな空間のなかで精密に再現することで、自動運転の開発やパイロットのトレーニングに役立てている。

デジタルツインの恩恵はゲームの世界にも浸透していて、レーシングゲームの「グランツーリスモ」では、走行距離や速度によるタイヤの温度変化や減り具合、グリップの効き具合などまで再現して、リアルな操作

[図2-6]デジタルツインによるシミュレーション

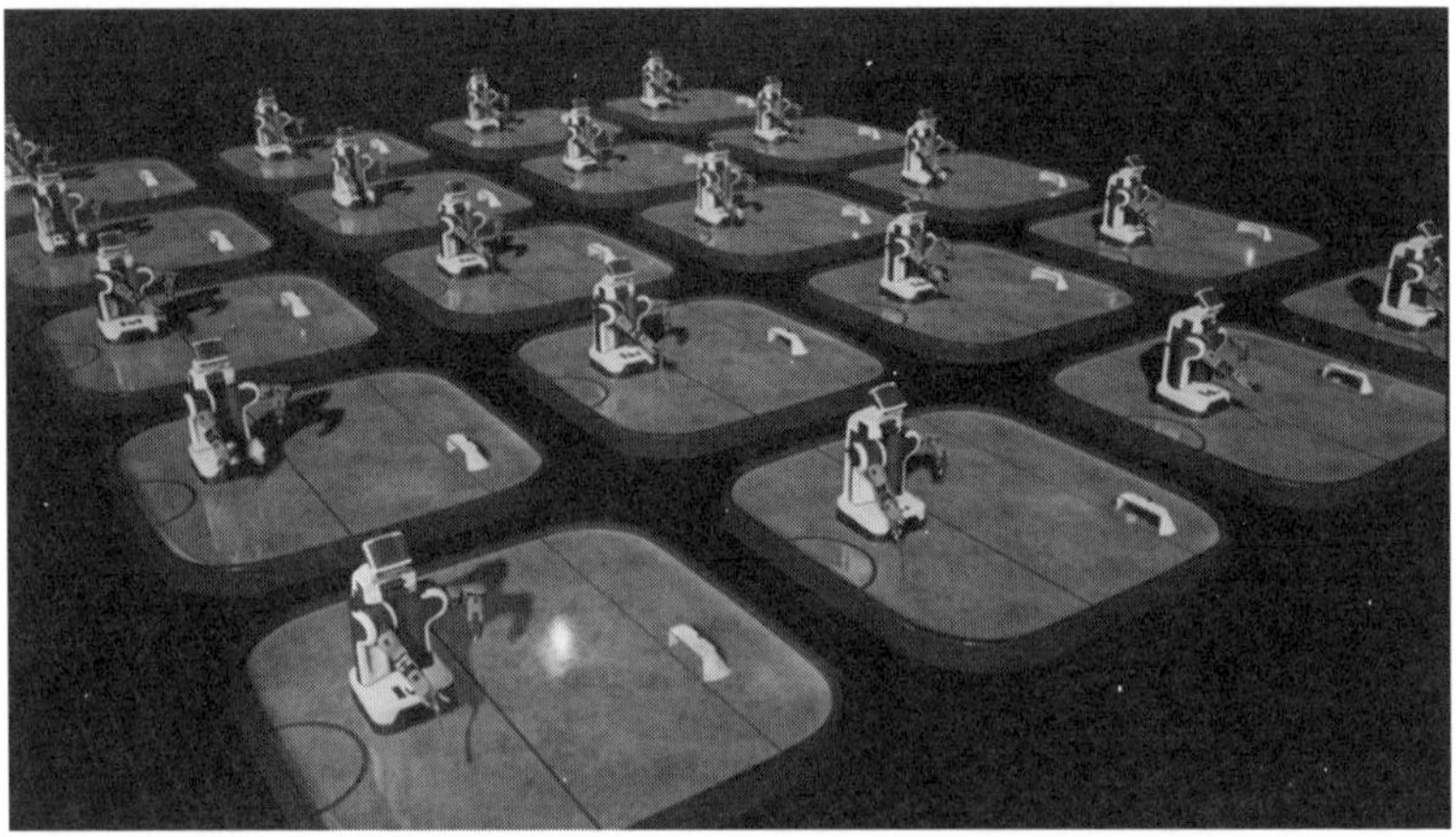

［出典］GTC 2017: NVIDIA Isaac Robot Simulator (NVIDIA keynote part 12)
［https://www.youtube.com/watch?v=oa__wkSmWUw］より

感を味わうことができる。

シミュレーションの精度が上がれば、ギリギリの状況を好きなだけ試せるようになる。本物の車体で事故実験を繰り返すとコストがかさむが、バーチャル上なら何回試しても問題ない。人間のドライバーならこんなカーブの切り方はしないというような、極端なことまでテストできる。そういう無茶なテストを重ねることで、自動運転技術がさらに向上する。

デジタルツインのシミュレーション環境は、一度つくってしまえば、何回失敗しても問題ないので、それを繰り返すことで、リアルな実験では発見できない最適解を見つけることにつながるのだ。

それだけではない。バーチャルなシミュレーション環境はいくらでもコピーできるところが画期的だ。

GPUメーカーの「エヌビディア（NVIDIA）」が2017年に発表した動画には、アイスホッケーのゴールに向かってシュートをするロボットが登場する（［図2－6］参照）。最初は1台のロボットが黙々とシュート練習をしているのだが、同じ環境を仮想空間上につくれば、同時に何十台ものロボットでシミュレーションできる。しかも、1回のシュート練習にかける時間も、バーチャル上なら短縮できる。ロボットが1000台同時に動いて、1回あたりリアルな動作の1000分の1の時間しかかからないとしたら、そのロボットは100万倍の学習を積める計算だ。

何万回もシミュレーションを高速で回して、学習効率を飛躍的に高めたあとに、リアルなロボットで実際に試せば、それだけロスも少なくなる。

最初はゲームのような環境から始まったデジタルツインが、たとえば、化学物質のシミュレーションなどに生かされるようになれば、いちいち本物をつくることなく、コンピュータ上で化学物質を合成して試せるようになる。ある程度あたりをつけてから、実際の化学物質を合成して実験できるようになるため、開発速度は劇的に高まるはずだ。

まとめると、AIはさまざまな組み合わせを試したいときに有効というのが1つ。もう1つは、精度を上げるために従来なら職人芸的なファインチューニングが必要だった領域で、AI自らが学ぶ深層強化学習が台頭してきたことで、AIの力だけでそこそこいい線までいけるようになったということだ。

では、エキスパートがどこで関与するかというと、シミュレーション環境を構築するときと、デジタルシミュレーションで得られた結果をリアル世界に還元するときになる。デジタルツイン環境を構築するといっても、リアル世界を完全に再現することはできない。自然界はパラメータの数が多すぎるからだ。

そこで、「これだけ見ておけば、リアル世界とそれほど変わらないシミュレーションができる」という見極めが必要になる。実験するときも、どのくらいまで想定するか。たとえば、ゴルフのシミュレーションをするとき、風速や風向き、湿度はどのレベルまで細かく設定するか。風速が大事といっても、現実に25メートル以上の暴風雨の下でプレイすることはまずないわけで、そのあたりの見極めが人間の腕の見せどころになる。

シミュレーションの結果がうまくいったからといって、それで解決というわけではない。コンピュータの最適化は中身がブラックボックスで、なぜうまくいったのかは、必ずしも自明でないことが多い。そこで、エキスパートが仮説を立てて、裏側に働いている理屈を類推しながら検証すると、ほかに転用しやすくなる。それも人間にしかできない作業だ。

実際、物理空間のシミュレーションにやたらと強いベンチャー、化学物質のシミュレーションに特化したベンチャーなどが続々と登場している。

「機能」と「データ」のかけ算で「最終価値」を実現する

ここまで見てきたように、AIを使いこなせば、さまざまな価値を実現することができる。AIを使って

［図2-7］AIを戦略デザインに組み込むときのポイント

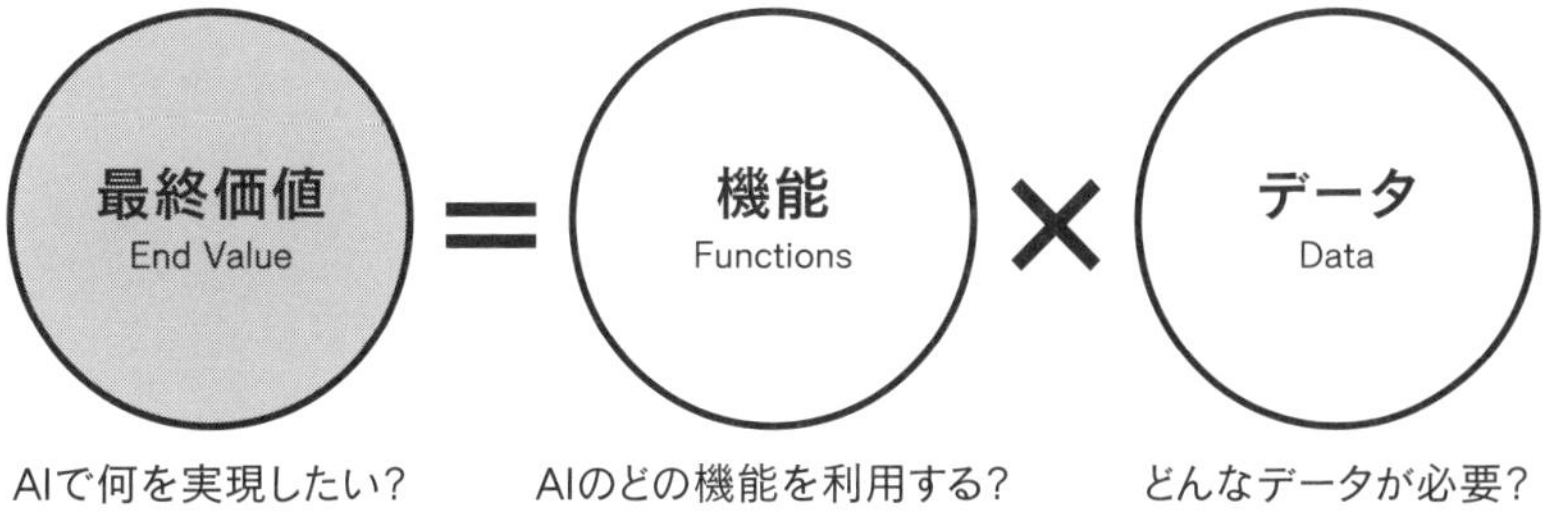

何をしたいのか。目指す最終価値が見えてきたら、どうやってそれを実現するかが問題になる。

「最終価値」は「**機能（Functions）**」と「**データ（Data）**」のかけ合わせによって実現される（［図2－7］参照）。大小さまざまな機能をもつAIが提供されているので、それらをパーツのように組み合わせれば、より高度な「価値」を実現できるというわけだ。

すでに世の中に出回っているAIの機能を深掘りしていくとキリがないので、ここでは大きく3つに分けて、簡単に紹介するにとどめる（［図2－8］参照）。繰り返しになるが、大事なのは、技術の詳細を知ることではなく、これらの技術を組み合わせて、ループ構造をつくることだ。したがって、ここはざっと目を通していただくだけでいい。

「認識」に関するAI

機能の1つめは「**認識**」で、文字認識や画像認識、音声認識など、対象物を「認識」することだ。ディープラーニングによって飛躍的に伸びたのが、「認識」に

［図2-8］AI活用を「機能」別で分類する

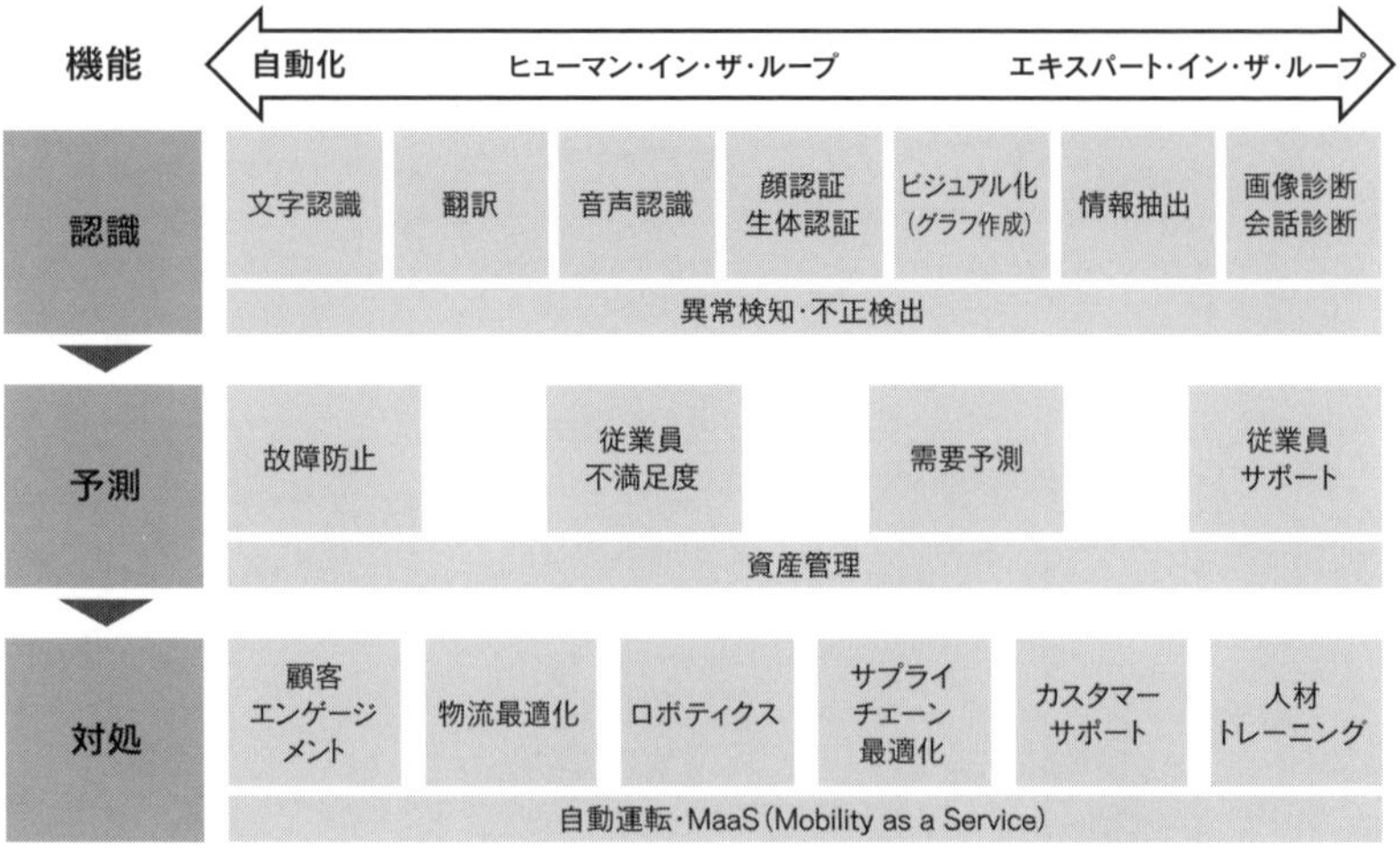

まつわる領域だった。

認識した結果を「ビジュアル化」して、専門家の意思決定をサポートするタイプのＡＩも数多く登場している。たとえば、ウェブサイトのどのあたりに人の注目（アテンション）が集まっているかをヒートマップで表示するサービスがある。また、リアル店舗内の顧客が店内のどのエリアに滞留するかをヒートマップ化して分析する「アベジャ・インサイト・フォー・リテール（Abeja Insight for Retail）」もある。ビジュアル化まではＡＩに任せて、最後の意思決定の部分を人間が担うことになる。

画像や音声から情報（テキスト・言葉）を抽出するところまではＡＩが行うが、その抽出した情報が正しいかどうか、人間がチェックしなければいけない場面はまだ多い。たとえば、名刺をＯＣＲで読み込んでアドレスデータを抽出するとき、社名や部署、肩書が合っているか、電話番号やメールアドレスが複数あった場合どの順に登録するか、人間の判断が必要な場合がある。

「画像診断」は、レントゲン写真やＭＲＩ画像の診断を指す。ガンの可能性があるかどうかをスクリーニングするくらいはＡＩでもできるが、その後の判断は、まだ多くの場合、人間に委ねられている。

各種ログに異常を見つけたときに自動でアラートを発する「異常検知」や「不正検知」も、「認識」型のＡＩに含まれる。アラートを出すまでは自動でも、異常事態かどうかを判断するのは人間の場合も多いので、自動化アプローチとエキスパート・イン・ザ・ループ・アプローチにまたがって表記してある。

「予測」に関するＡＩ

２つめは「**予測**」。認識できるようになると、将来何が起きるかということがある程度予測できるようになる。

最近では、社員の行動分析を通じて、会社に対する不満足度を予測するＨＲテックサービスも登場している。「ラボラティック（Laboratik）」は、社内チャットなどにおける書き込みを通じて、ネガティブ発言が多い人にはエンゲージメントが足りないといった分析を加えている。

「オラクル（Oracle）」が提供する人事マネジメントシステムでも、もうすぐ辞めそうな社員を抽出して、代わりの人材を社内人事で昇格させたり、外から連れてきたりするようダッシュボード画面上で通知してくれる。遅滞なく業務を遂行するためには、社員の退職や転職も予測の対象となり得るのだ。

どの商品がいつ、どれくらい売れるのかという「需要予測」もＡＩによって自動化されつつあるが、判断を下すのはあくまで人間だ。そして、需要予測に基づいて、サプライチェーンの最適化がはかられる。これは「対処」の範疇になる。

「従業員サポート」の例としては、社員の発言の中身や声のトーンなどによって感情分析をするＡＩがあげられる。「Ａさんは今日はいつもよりテンションが低いから、積極的に声かけしましょう」といった提案がなされるが、ただの風邪のこともあり得るので、ＡＩの提案を採用するかどうかには上司の判断が必要だ。

「資産管理（アセットマネジメント）」もＡＩによる予測が効く分野だ。適切なタイミング、適切な価格で投資するといった基本動作に加えて、株価予測に応じて分散投資のポートフォリオを組み換えたりするのも自動でできるが、ＡＩによる提案を受けて、最終判断するのはファンドマネジャーの場合も多いので、両者にまたがって表記してある。

「対処」に関するAI

3つめは「**対処**」。予測ができるようになると、次に求められるのは、そうした事態にどう対処すればいいか、である。

カスタマーメールを自動的に送る、プッシュ通知を自動的に送るといった「顧客エンゲージメント」については完全に自動化されつつある。予測の結果、「このタイミングで顧客に対してこういうアプローチをしたら成約率が上がる／解約率が下がる」といったことがわかっているなら、それをやらない手はない。やることがあらかじめ決まっているなら、実行部分も自動化できるということだ。

「物流最適化」は、倉庫内で品物を仕分けして荷造りするロボットがどう動くのが最も効率的なのか、どの配送トラックが何をどれだけ積み込んでどこに行くのが最も効率的なのか、最小コストで最大のパフォーマンスが得られるように、ＡＩがリアルタイムで最適化する。アマゾンの物流倉庫で働くロボット「ドライブ(Drive)」が有名だ。

その延長線上には当然、自動運転も入ってくる。リアルタイムで周囲の状況を「認識」し、次に何が起きるか「予測」をしたうえで、アクセルを踏んだり、ブレーキを踏んだり、ハンドルを切ったりする。あらゆる場所で人間による運転を必要としないレベル5の完全自動運転が実現するのはまだ先なので、両者にまたがる領域に表記してある。

「サプライチェーン最適化」も物流最適化と同じく、AIの予測に基づいて自動化されつつあるが、プロが見ないと最終的なオペレーションまでは落とし込めないことになっている。

チャットボットや自動音声による「カスタマーサポート」は、定型的なやりとりには有効だが、込み入った話になると、人間の出番がやってくる。

「人材トレーニング」は、ディープラーニングの大家の1人であるスタンフォード大学のアンドリュー・エン教授が推進している分野で、スペシャリストを育てるためのAIを開発している。

いますぐ取り組めば十分勝機がある

こうした機能別のAIを組み合わせて、自社が求める「最終価値」を実現する。すでに先行事例がたくさんあるので、自社のビジネスに似た産業のライバルたちがどんな仕組みで、どんなパーツを組み合わせて競争優位に結びつけているのかを見て、必要ならそのままマネして自社に取り込めばいい。

もし、まだ国内企業のどこも取り組んでいないなら、先行者利益を得られる可能性が高い。

たとえば、Prologueで紹介したモービルアイのリアルタイムアップデートマップ（30ページ）も、アメリカの地図では太刀打ちできなくても、日本国内の地図なら勝てるかもしれない。リアルタイムアップデートマップは、国防的なニュアンスとも強く結びつくので、国別にエリア分割されて、グローバル企業が入り込めないこともあり得る。そうなると、ローカルプレイヤーにも十分勝機があるわけだ。

大事なのは、5つの最終価値のどのパターンを自社に当てはめれば、レバレッジが効くかを知ることだ。ここさえわかれば、自社の目指す方向性を決められる。ごく単純化していえば、海外企業の先行事例を横滑りさせて自社に当てはめ、ハーベストループを同業他社に先駆けて回すだけでも、短期的には優位に立てるはずだ。そして、今日においては、細かなＡＩ技術の知識がなくても、それが可能というところがミソなのである。

ボトルネック部分にAIが使えないかをまず検討する

ここまで、「ＡＩで何ができるか」を見てきたが、じつはここに、多くの人が陥りがちな落とし穴がある。すなわち、それは「自社に関係している最終価値はこれだ」という思い込みにとらわれて、それ以外の価値に目が行かなくなってしまうという罠である。

[図2-9]人の作業領域こそAIの活用機会

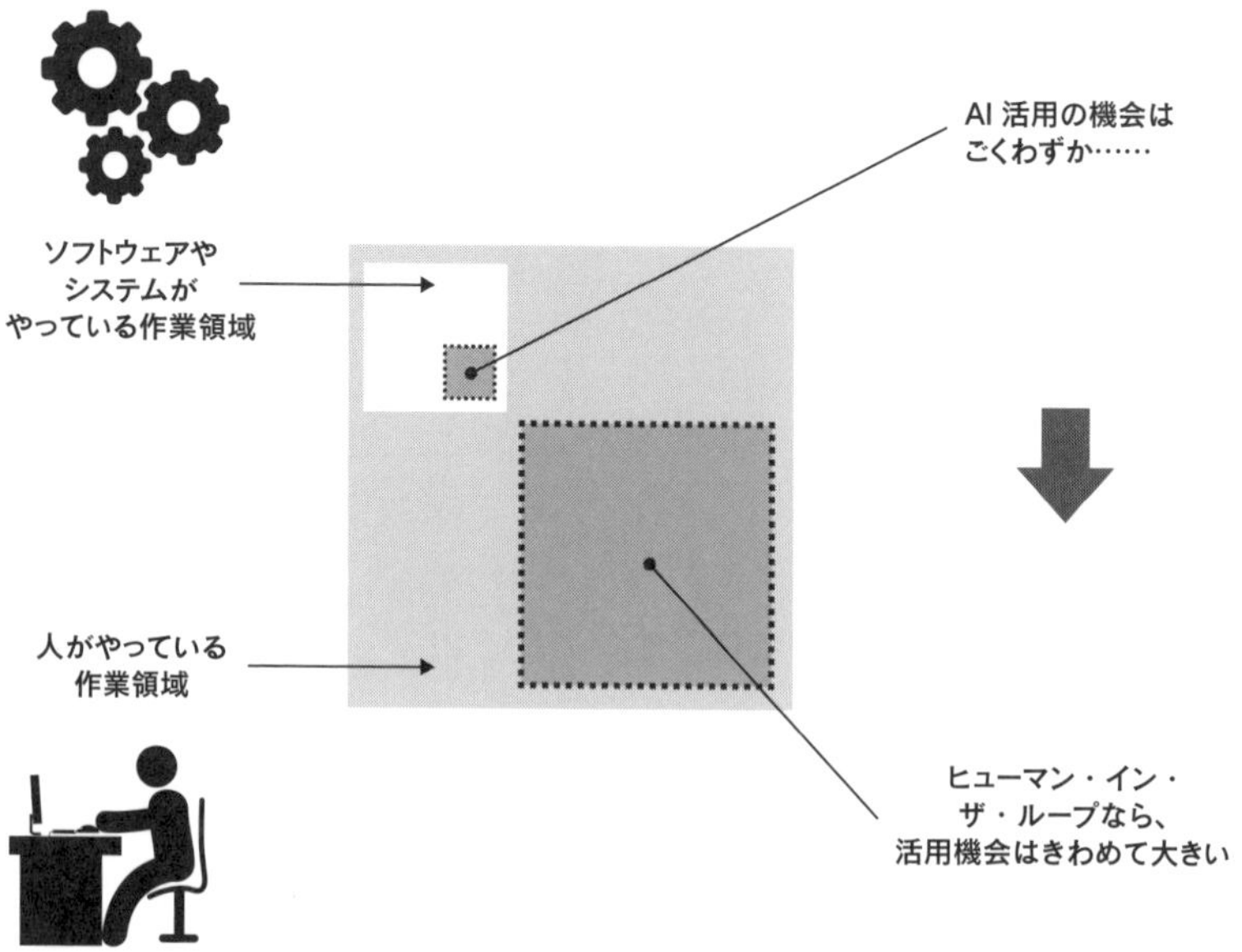
AI 活用の機会は
ごくわずか……
ソフトウェアや
システムが
やっている作業領域
人がやっている
作業領域
ヒューマン・イン・
ザ・ループなら、
活用機会はきわめて大きい

たとえば、転職したい求職者と採用したい求人企業をつなぐ「ジョブマッチングサイト」があるとしよう。サイトの運営者にしてみれば、マッチング率を上げれば売上アップが期待できるので、そこにAIを使うことが前提になり、マッチング率を高める施策ばかりに目を奪われてしまう。

ところが、求職者を探すためのプロセスをチャットボット化することのほうが、ダイレクトにコスト削減につながって、じつは効果的だったというケースがよくあるのだ。

なぜそんなことが起きるかというと、人間はAIの活用機会をソフトウェアやシステムの範囲内で考えてしまう傾向があるからだ。ジョブマッチングサイトがすでにある場合、サイト内でマッチング率を上げることがAIの役目だと思い込んでしまうのだ。しかし、サイトの裏側で、求職者を見つけるために電話をかけている人間がたくさんいるとしたら、AIを使うべきなのは、むしろそこだ。

システムの範囲内だけで見てしまうと、ＡＩで効率化できる部分は限られる。むしろ、システムの外側で人間が作業している部分、運用上のボトルネックになっている部分に着目して、そこにＡＩを活用すれば、効果はずっと大きくなる（［図２－９］参照）。

ヒューマン・イン・ザ・ループは、ＡＩと人間とのコラボレーションだ。ということは、ヒューマン・イン・ザ・ループを導入すべきなのは、人間が作業していた領域、いいかえると、最初からシステムの外側なのだ。だからこそ、すでにあるシステムをＡＩ化するよりも、いままでシステム化されていなかった部分をＡＩ化できないかという視点で考えることのほうが重要である。

ここで求められるのは、「自社のプロダクトやサービスはこれだ」という思い込みをいったん排除して、視野を広げ、もう一度ゼロベースでＡＩに何ができるかをとらえ直すことだ。そのとき、全体を俯瞰してボトルネックになっている部分に着目すると、自分たちにふさわしい最終価値が見えてくるだろう。

［注］

5　昭和電工ニュースリリース「人工知能（ＡＩ）を用いた技術文書活用システムの共同開発を開始」２０１８年７月１１日［https://www.sdk.co.jp/news/2018/27057.html］

Column

必要なデータ量はそれほど大きくない
レスデータという新常識

「データ・イズ・キング」時代の終焉

2013年から2015年にかけて、ディープラーニング（深層学習）という新しい技術が登場して、AIは生データを扱えるようになった。これが現在のAIブームを引き起こした直接の原因だ。

この技術が出てきた当初は、AIがデータの山からある特徴を抽出するのに、大量のデータを必要とした。たとえば、画像のなかからイヌやネコを認識するという単純なAIをつくるのにも、1000枚くらいのサンプル画像がないと、自動判別するのは難しかった。そのため、データをたくさんもっている企業が圧倒的に有利で、データをもたない企業は戦いの土俵にすら立てないと思われていた。いわゆる「**データ・イズ・キング**（Data is King）」の時代である。

しかし、いくつかの技術的ブレイクスルーがあって、AIを鍛えるのにデータはそこまでいらないという認識が一気に広がってきたのが2017年以降のことだ。この新たなムーブメントを「**レスデータ**（Less Data）」といい、少量のデータからでも十分実用にたえるAIがつくれるようになったのが現在だ。

以前なら1000単位のイヌやネコのサンプル画像が必要だったところが、いまは場合によっては5枚もあれば十分、というレベルにまでなっている。

自然言語処理でも同じで、たとえば、FAQ（よくある質問集）をつくるときに、以前なら、同じ趣旨の微妙に異なる質問を100、200個単位で用意して、それに対する回答も同じくらいなければ、AIは学習できないと思われていた。だが、いまは数十パターン用意すればいいというレベルにまで進化している。

似たような画像を大量に自動生成するGAN

なぜそんなことが可能なのか。1つは「**GAN（Generative Adversarial Networks：敵対的生成ネットワーク）**」という技術的なブレイクスルーがあったからだ。

GANというのは、ごく単純化して説明すると、フェイク画像を生成するAIと、その画像がフェイクだと見破るAIを競わせて、いかにも本物っぽい画像データをつくる仕組みを指す。生成する側はフェイクだと見破られないように進化するし、見破る側はどんなに細かい痕跡でも見つけるように進化するから、いつしか本物そっくりの画像ができるようになる。精度が上がれば、人間でも見破るのが困難なデータも生成できる。

これによって、たとえディープラーニングに1000枚の画像が必要だとしても、そのうちの800枚、900枚をGANが自動生成することが可能になった。

この技術がとくに威力を発揮したのが異常を検知するAIで、建物や橋、トンネルなどの建造物の壁面にヒビが入った画像を集めるのは、じつはたいへんな手間である。めったにないからこそ異常なわけで、そこら中に異常が発生しているとしたら、それこそ大問題だ。

そこで、貴重な現物の画像をもとに、GANによっていかにもそれっぽいヒビの入った写真を大量に生成した。それによってAIの学習を効率的に進め、異常検知の精度を高めることができたのだ。

異常検知という意味では、偽ブランド品を見破るAIというのもある。偽造品が数百点ないと学習できなかった時代には、そうしたAIをつくるのは難しかったはずだ。いまは20点ほど偽物があれば、GANによって偽物の画像を生成して、真贋を見極めるAIがつくれる。

このように生成されたデータのことを「**シンセティックデータ**（**つくられたデータ**）」という。シンセティックデータによって、ディープラーニングモデルの学習に必要なデータを用意できるようになったことが、レスデータのムーブメントを支えている。

学習成果を他へ転移するトランスファーラーニング

もう1つ大きいのが、「**トランスファーラーニング**（**Transfer Learning：転移学習**）」の登場だ。これは、ある領域Xで学習したAIを別の領域Yの学習にスライドさせる技術で、Xで学習済みのAIは、Yをゼロから学習するよりも、はるかに効率的に学習できるようになる。

ある特定の分野をマスターした人は、別の分野を学ぶときも短時間で済むように、学習のコツを身につければ、それを横展開するのはそれほど難しいことではない。

たとえば、法律文書のような専門領域に特化したAIエンジンをつくる場合、トランスファーラーニングがなかったときは、法律文書だけで学習用データを全部そろえなければいけなかった。そのため、大量の法律文書が必要だった。

しかし、トランスファーラーニングを使うと、99％は一般の自然言語、たとえばウィキペディアのようなパブリックデータで学習させておいて、残り1％だけ法律文書で学習すれば、一気にファインチューニングされて専門性が高いAIをつくることができる。それによってディープラーニングをさまざまな領域に転移（トランスファー）できるようになった。CHAPTER 2で紹介したシミュレーション／デジタルツインも、バーチャルな環境でシミュレートしたことをリアルな領域に転移できることが前提となっている。

トランスファーラーニングは画像認識や音声解析の分野で飛躍的な発展を遂げたが、それを自然言語処理の分野に拡張したのがグーグルが開発した「ＢＥＲＴ《バート》（Bidirectional Encoder Representations from Transformers）」で、機械翻訳の精度が一気に向上したことで世間の注目を大きく集めた。

ＢＥＲＴを使うと、専門用語を抜き出すために、以前なら１０００単位で必要だった文書データ数が、いまは2、3個でなんとかなるレベルになってきた。これがＢＥＲＴの破壊力である。

時代は「ループ・イズ・キング」へ

ＧＡＮやトランスファーラーニングの普及で、データを大量に持っているだけでは差別化できない世界がやってきた。現在のＡＩは、少ないデータから高速学習できるようになっているので、データをもたない企業でも参入できる。ＡＩがブームになり、過当競争の様相を呈しているのはそのためだ。

一方、トランスファーラーニングによって、巨大企業が学習済みＡＩを横展開して、幅広い市場を独り占めする可能性もある。たとえば、グーグルがBERTでインドネシア語を学習しておけば、似たような言語構造のマレー語の学習はすぐに終わるはずだ。インドネシアやフィリピンは数百単位のローカル言語が話されている多言語地域だが、基本的な言語構造が似ているので、学習成果の横展開によって、一気に市場を握ることも不可能ではない。

そう考えると、データを大量に持っているだけでは、この厳しい競争を生き残れない。大事なのは、データの量ではなく、つねに新しいデータを生み出し続けるループ構造をつくることであり、戦略的なAI活用はもはや「**ループ・イズ・キング**（**Loop is King**）」のフェーズに突入したといえるだろう。

Chapter 3

戦略基盤を競争優位に変換する

戦略デザインとしてのAI

最終価値だけでは逃げ切れない

CHAPTER 2では、AIを使って何がしたいか、自社ではどんな価値を実現するためにAIを使うのか、最終価値（End Value）を見極めた。しかし、目指すべき最終価値を決定したからといって、いきなり勝ち続けるためのハーベストループが築けるわけではない。

繰り返し述べてきたように、そもそもAI自体はすでにコモディティ化している。パーツのように組み合わせるだけでAIを使えるということは、すなわち、その気になれば他社にも簡単にマネできるということだ。そのため、仮に一時的に先行して優位に立ったとしても、すぐに追いつかれてしまう恐れがある。現時点では、自社の事業領域に競合が見当たらなかったとしても、成果が出て儲かるとなれば、大資本プレイヤーが参入してくるかもしれない。そうなると、少しくらいの先行者利益はすぐに大手に飲み込まれてしまうはずだ。

そこで、ただAIを使うだけではなく、AIを戦略デザインに組み込んで競争優位に変換する必要がある。AIを使うだけだと、自動化によってコストが下がったというだけの話になりがちだが、競争優位へ変換することによって、事業そのものが拡大していく状態を目指す。繰り返しになるが、この違いこそが重要なのだ。

[図3-1]「最終価値」を「戦略」へとアップグレードする

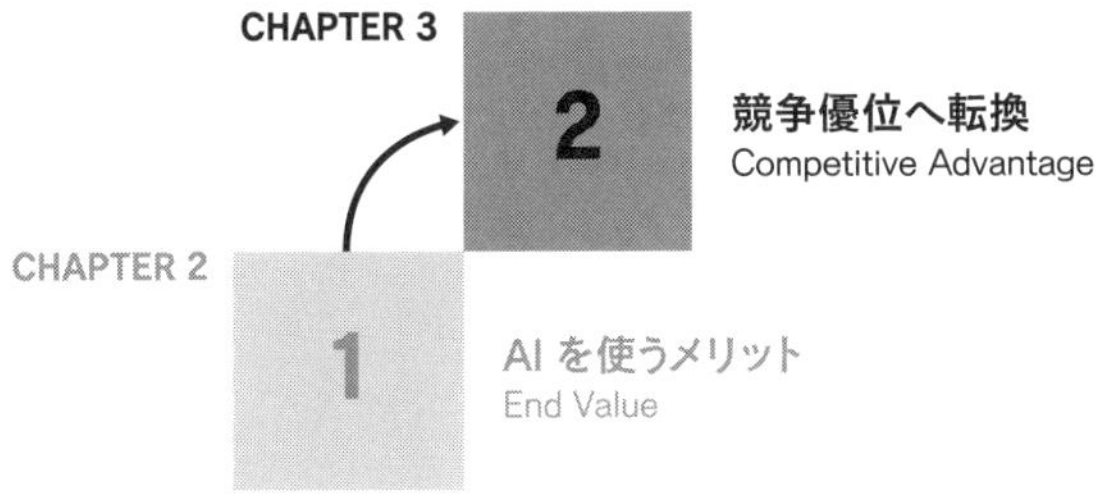

最終価値というのは、いわばＡＩがもたらす直接的な便益だ。「このＡＩを使えばこの価値が実現する」といった具合に、1対1のわかりやすい関係が成り立つ。その対応関係は誰が見てもわかりやすいだけに、すぐに真似されてしまう。そこで、ＡＩによって得られた便益を「戦略」へと格上げする必要がある。

究極の戦略は「戦いを略す」ことであり、戦わずして勝つために、競合が簡単には入り込めないような参入障壁を築いたり、他社の攻撃をかわす防御策を講じることを指す。CHAPTER 2の目的がＡＩを使うメリットをつかむことだったとすれば、次にやるべきなのは、それを戦略へとアップグレードすることだ。

「UVP」をキープするのが戦略立案の目的

では、戦いに「勝つ」とはどういうことだろうか。「市場で1位になること」というとらえ方では単純すぎる。むしろ、ここでは「自分たちが決めた軸で1位になること」と定義したい。

たとえば、ジョブマッチングサイト全体を見渡せば、マーケットシェア1位は1社しかない。国内市場で1社だけ、グローバル市場でも1社だけだ。しかし、「求職者にとっていちばんうれしいサイトになる」という軸でサービスを提供している会社の場合、マーケットシェアよりも大事なのは、手厚いフォローアップができているかどうかであるはずだ。

つまり、自分たちが戦っているドメインが「手厚いフォローアップのジョブマッチングサイト」ならば、手厚さについては市場でNo.1にならなければいけない。それが「勝つ」ということだ。

そして、ライバルよりも求職者に対して手厚いフォローアップをするにはどうすればいいかを考え抜くことで、戦略が見えてくる。最終的には、ユーザーに選ばれなければトップにはなれないので、「顧客に対してどのような価値を提供するのか」という視点を抜きに、戦略は語れない。他社にはない唯一無二の価値を提供するという意味で、これを「**ユニークバリュープロポジション（UVP：Unique Value Proposition）**」と呼ぶ。

UVPがあれば、他社に対して競争優位になる。ほかとは違う自分たちだけのユニークな価値を提供できるからだ。そして、「勝ち続ける」というのは、そのユニークさがずっと維持されている状態を指す。

UVPを維持するには、ユニークさを不断に追求し続ける必要がある。さもなければ、一時的にユニークな価値が提供できても、やがて他社に追いつかれる危険があるからだ。

たとえば、あとで紹介する「コストリーダーシップ戦略」をとるなら、価格の安さこそがUVPになる。そして、「安さ」というドメインで勝ち続けるためには、永続的に安さを追求して、限界費用をゼロに近づけることを目指し続ける必要がある。どこよりも安くするために、何をすべきか。それが次の一手を考える

[図3-2]提供価値の「ユニークさ」が高まる仕組み

$$\text{企業の競争優位性} = \lim_{t \to \infty} \underbrace{UVP(t)}_{\text{顧客へのユニークな提供価値}}$$

ときのベースとなる。最終的に、サービスを無料で提供できるようになれば、マネタイズのポイントを別にズラすこともできる。

グーグルがその典型だ。グーグルは検索の世界で圧倒的な1位の座を獲得した。だから、検索連動広告という別のマネタイズ手法を取り入れることができたのだ。そして、広告市場が大きくなるにつれて、ユーザーも広告主もグーグルから離れられなくなる。

グーグル検索と同じレベルの検索エンジンをつくることは、技術的には可能かもしれない。しかし、ライバルが同じ高みに達するためには、莫大な資金を投入して、検索件数で張り合えるところまで無料でがんばり続けるしかない。

だが実際には、グーグルはアルゴリズムでもデータ量でも、何年分も他社に先んじている。いや、それだけではない。いまや世界中のあらゆるウェブサイトが、グーグル検索向けに最適化（SEO）されているので、別の企業がいまからそれをひっくり返すのは事実上不可能だ。だから、永遠に他社は追いつけない。

このように「時間」が経てば経つほど、UVPが大きくなるような仕組みを築くことができれば、ライバルたちは永遠に追いつけない（[図3－2]参照）。それを実現するのが、半永久的に回り続けるハーベストループなのだ。

[図3-3]最終価値を競争優位に転換する「シングルライン」

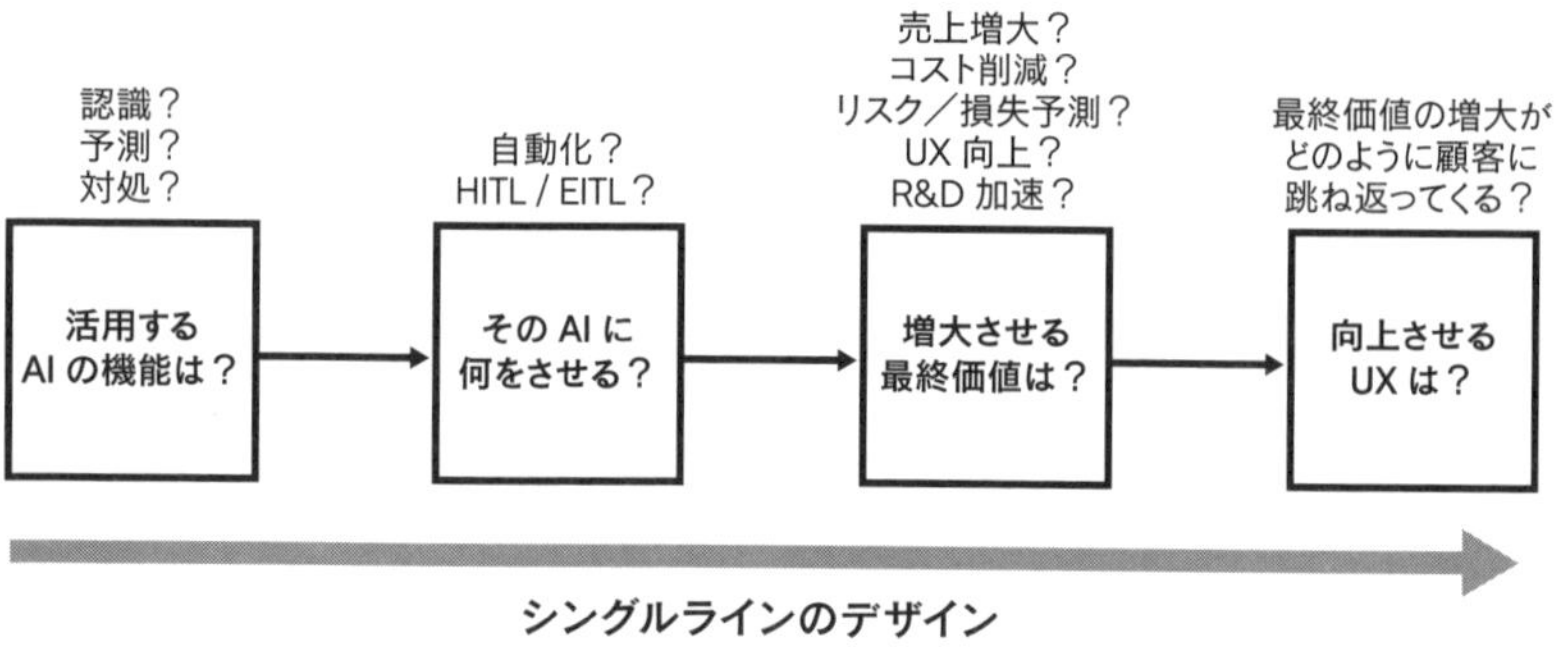

ループを回すことで、AIがどんどん賢くなり、UVPのレベルが上がっていく。レベルが上がり続けるから、ユニークさをキープできるのだ。したがって、戦略立案の目的は、いかにUVPを築き、それをキープし続けるかということになる（この話は「おわりに」に登場する「パーパス」の話にもつながっている）。

まずは1回目の勝利を目指す

具体的には、まずUVPを1回つくることだ。それが最終価値を競争優位に転換することの本質的な意味となる。ここまでの作業を、本書では「**シングルライン**」と呼んでいる（[図3-3]参照）。その名のとおり「一直線」なので、まだループ構造にはなっていない。

つまり、シングルラインでもたらされるのは1回限りの勝利でしかない。だからこそ、ハーベストループを回して、UVPをずっとキープする必要があるのだ。ハーベストループのつくり方は後述するとして、ここでは、1回目の勝利につながる戦略パターンをいくつか紹介する。

シングルラインをどう構築するかは、まさにみなさんの知恵の見せどころなので、ぜひ、とことんまで考えてみてほしい（具体的なデザインのしかたは147ページ以降でもまとめて説明する）。

ライフタイムバリューを拡大して広告市場を独占する

次ページの［図3－4］は、最終価値を競争優位へと変換するときのパターンを表している。5つの最終価値のうち、「R＆D加速」は研究開発自体が競争優位を生み出すために行われるので、ここでは除外してある。

上から順番に見ていこう。まず、「①売上増大」については、AIによって顧客エンゲージメントを強化していくと、1人のユーザーがそのサービスに総額いくら支払ってくれるかという「**LTV（Life Time Value：顧客生涯価値）**」を拡大することができるため、それによって集客のための広告に投下できる金額が増えて、広告露出を最大化できる。

LTVと顧客獲得コストの比を表したのが、「**ユニットエコノミクス（Unit Economics）**」という指標だ。顧客獲得コストに対してLTVが高いほど、ユニットエコノミクスは向上し、ビジネスとしての収益性は高くなる。「LTV＞顧客獲得コスト」という関係性が成り立つ範囲内であれば、顧客の新規獲得・維持のため

［図3-4］「最終価値」を「競争優位」へと変換する

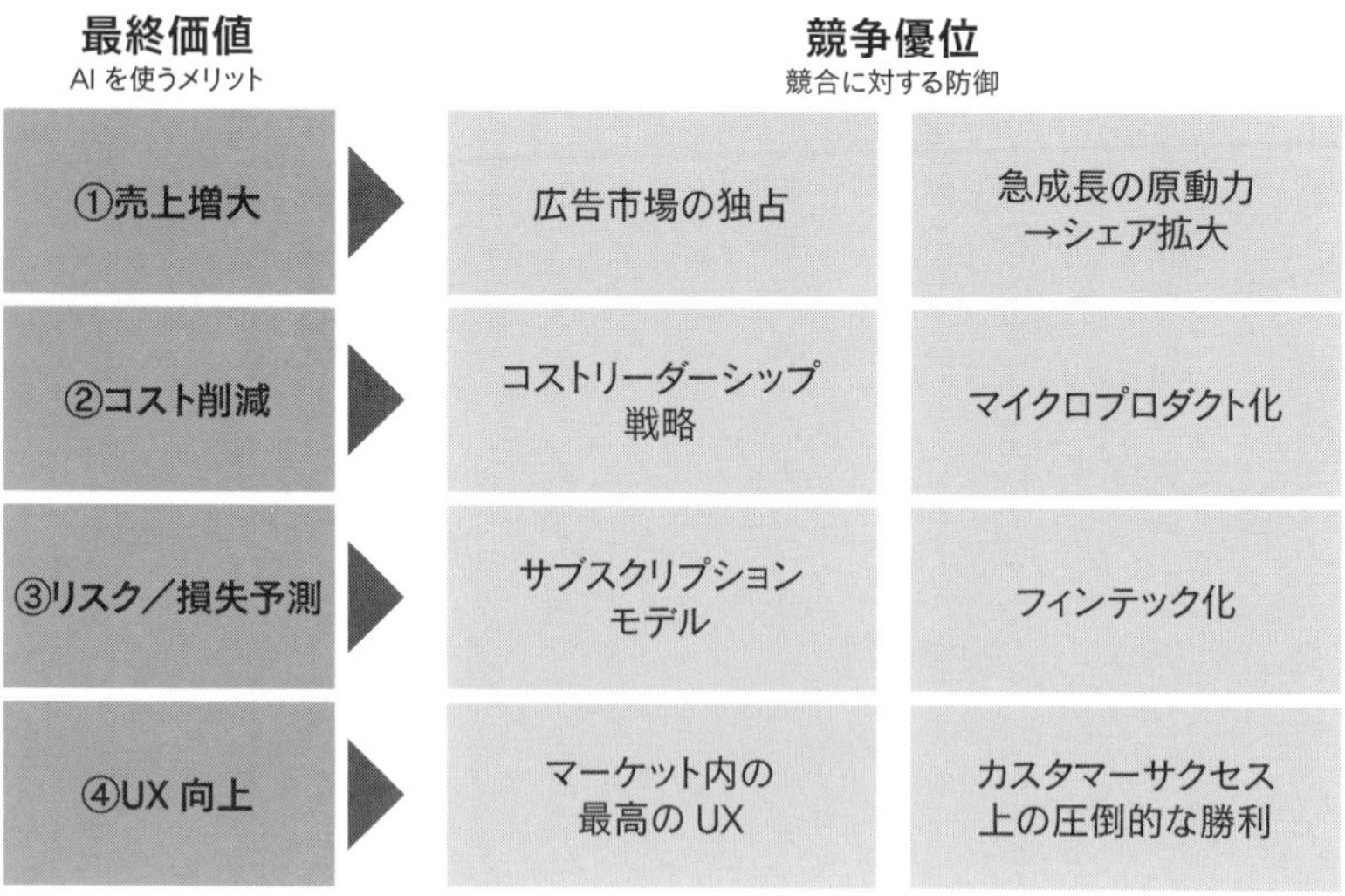

最終価値 AIを使うメリット		競争優位 競合に対する防御	
①売上増大	広告市場の独占	急成長の原動力 →シェア拡大	
②コスト削減	コストリーダーシップ 戦略	マイクロプロダクト化	
③リスク／損失予測	サブスクリプション モデル	フィンテック化	
④UX向上	マーケット内の 最高のUX	カスタマーサクセス 上の圧倒的な勝利	

のさらなるコストをかけることができるわけだ。

　わかりやすさのために、ごく単純化した例でお伝えしよう。たとえば、ある携帯電話キャリアが8万円のスマートフォンをタダで配ったとき、それによって獲得できるユーザーが月5000円の利用料を平均2年間支払ってくれたとする。この場合、LTVは12万円（2年間の利用料総額）、顧客獲得コストは8万円（端末代）なので、4万円のプラスになる。このキャリアは、最大4万円まで顧客の獲得・維持にお金をかけることができる。

　その後、顧客満足度が高まったことで、平均3年は解約されない状態になったとしよう。このとき、顧客獲得コスト8万円は変わらないが、顧客のLTVは18万円に増えるため、このビジネスのユニットエコノミクスは大幅に向上し、最大で10万円をさらなる顧客獲得にあてられるようになる。

　このように、ユニットエコノミクスの改善は、広告などの顧客獲得にかけられるコストを高めてくれる。潤沢な資金を元手に、他社よりも高い広告フィーで入札できるようになれば、特定のキーワードに対する広告を半ば独占することもできるだろう。

ユニットエコノミクスを最適化できれば、ライバルが買えないような広告も買えるようになる。他社が入札してきてもこちらが勝つので、自社の露出が増えていく。こうして広告市場を押さえれば、さまざまなテストも可能になるだろう。広告についてもループを回すことで、自社側にデータがたまる構造をつくることができれば、それはいずれ他社を圧倒する武器となってくれる。

ただ広告を買う行為を繰り返しているだけでは、いつまでたっても、自社にデータはたまらない。自社でループ構造を築かなければ、データはプラットフォーム企業に利用されるだけ。ここができていないから、グローバル企業にずるずるやられてしまうのだ。そのことを肝に銘じておこう。

「客室単価のリアルタイム最適化」が急成長の原動力に

さらに、ユニットエコノミクスは定額課金の**サブスクリプションモデル**と相性がいい。サブスクにすると収益が安定して、ＬＴＶが読みやすくなる。

ＬＴＶが上がり、カスタマーサポートなどの施策によって解約率を抑えることができれば、広告市場を独占できるだけでなく、他社に対して強気に出られる。資金的な余裕があれば、他社がアクセルを踏めないところで、アクセルを踏めるようになる。それによって一気にユーザーを獲得して、囲い込むこともできるのだ。

その典型的な例がインド発のホテルチェーン「オヨ（OYO）」である。ホテルというのは、予約状況に合わせて宿泊料金を上下させて、空室率をいかに下げるかというビジネスだ。満室になれば単価を上げることができるので、「部屋数×単価」で表される長方形の面積をどれだけ大きくできるかが生命線となる。

オヨは、傘下のホテルの客室単価をリアルタイムで最適化できるので、他のホテルよりも収益力が高い。その結果、他では躊躇してしまうような物件でも、どんどん買うことができる。

このオヨの強みは、「③リスク／損失予測」とも関わっている。宿泊需要予測ＡＩの精度が高く、物件の価値の見極めも瞬時にできるため、他社が数カ月かけて調査してようやく購入を決断するようなケースでも、わずか1週間で買うことができる。「①売上増大」と「③リスク予測」のかけ算によって、オヨはごく短期間で世界最大規模のホテルチェーンへと名乗りを上げたのだ。

オヨの戦略は、大量に物件を買い入れ、改装を施してホテルをたくさん抱え、ＡＩで予約を受け付けるところまではよかった。だがその後、同社の勢いが止まったのは、現場のオペレーションの品質が追いつかず、アナログ的な部分の拡張性に失敗したことが原因だった。オヨのウェブサイトから予約しても、それがホテルの予約システムと連動していなくて、ホテルに到着してからダブルブッキングが判明するといった問題が日本国内でも噴出したことで、ブームが一気に沈静化してしまった。

価格破壊で圧倒的な優位を築く

次は「②コスト削減」についてだ。AIによってオペレーションが効率的になり、コストが下がれば、**コストリーダーシップ戦略**を採用できる。

たとえば、特許の競合調査を他社より10倍早くできるAIを開発できたとすると、調査コストはおよそ10分の1となり、他社サービスの5分の1の価格で売っても、2倍利益が出る。そうなれば、ライバルが同じレベルまで効率化→コスト削減できない限り、太刀打ちできない。圧倒的に有利な状況だ。

コストの下げ幅が大きいほど、価格破壊の衝撃は大きくなる。せっかくAIを使うのだから、1割、2割削減を目指すよりも、10分の1、20分の1を目指せば、それだけ競争優位を築けることになる。

小型化して市場の拡大を目指す

「②コスト削減」では、もう1つ「**マイクロプロダクト化**」という戦略も有効だ。

銀行がまとまった金額、たとえば100万円なり、300万円なりを貸すときは、貸す相手がどんな人物か、きちんと返せる人なのか、ある程度コストをかけて審査することは理にかなっている。

しかし、もっと小さい金額、たとえば数百円から数千円くらいのお金を貸すときに、同じだけのコストをかけてKYC（本人確認）をしていては、利益が出ない。だから金利を高く設定するしかなかったのだが、コストをかけずに本人確認できたり、審査をほとんど自動化できたりすれば、小さいロットでお金を貸しても採算がとれるようになる。

すると、いままでターゲットでなかった層にもお金を広く薄く貸せるようになるし、きわめて少額の保険も売れるようになる。1つひとつの取引は小さいかもしれないが、自動化によって大量の少額取引を扱えるようになれば、それが積もり積もって大きな儲けになる。しかも、それは他の金融機関が手を出せなかった新しい市場になるわけで、そこにはブルーオーシャンが広がっているのである。

マイクロプロダクト化の象徴が、すでに紹介した「レモネード（Lemonade）」だ（90ページ）。同社は、チャットボットを導入して保険加入の手続きを自動化・簡略化した結果、月5ドルからの「レンタル保険」というきわめて安価な保険商品を提供できるようになった。

従来は、パソコンやカメラ、ヘッドフォン、指輪やピアスなど、数千〜数万円のモノに対して、個別に保険をかけるのは難しかった。メーカーの保証期限が過ぎたら、修理代は実費負担するしかなかったのだが、そうしたモノに対しても保険をかけられるようになっている。

それが可能になったのは、手続きにかかるコストが限りなくゼロに近づいているからだ。だから、小さな金額の保険でも商品として成り立つ。

オペレーションの効率が上がり、コストが下がると、商品やサービスをマイクロ化（＝小型化）しても採算がとれるようになる。結果として、それまでターゲットでなかった層にまで市場が広がる。「**マイクロレンディング**」や「**P2P（Peer to Peer）レンディング**」と呼ばれる世界がまさにそれで、アジアやアフリカをはじめ、銀行口座をもたない人たちがたくさんいる地域では爆発的に広がっている。

だが、小型化して市場が広がるのは何も金融商品に限ったことではない。

会社の業務には1人月《にんげつ》（1人が1カ月働いたときの作業量）にも満たないような、細かいタスクがたくさんある。たとえば、議事録の作成が自動でできるようになれば、AIに任せることができる。あらゆる会社の議事録作成を束ねれば、巨大な市場ができあがるだろう。マイクロプロダクト化して、まだ一般には自動化されていない領域に入っていけば、ユースケースが広がる。それが次のステップであるループ構造をつくるときに役に立つはずだ。

サブスクモデルのプライシングに生かす

続いて、「③リスク／損失予測」のＡＩは、サブスクリプションモデルに展開できる。原価がかかる商品、たとえばファッションのサブスクはプライシング（値づけ）の難しさがある。解約や流行の陳腐化というリスクと戦いながら、ギリギリのところで料金面でも他社と差別化しなければならないというセンシティブな領域である。

正しい予測モデルを構築できていれば、他社から見てリスキーなチャレンジのときにも、「自社ではこの価格設定で利益が出て安全」ということがわかるので、競争上でも大いに優位に立てる。

また、顧客がそのサービスにいくらまでなら払ってくれるか（ＬＴＶ）がわからないと、サブスクリプションモデルを設計することは難しい。裏を返せば、需要予測の精度が上がれば上がるほど、ユーザーをサブスクモデルに誘導しやすくなる。

ユーザーにしても、毎月定額支払いのほうが結局割安だということがわかれば、不満はもちにくい。結果として、両者ともにWin-Winの関係を築きやすいため、一度、サブスク契約を結べば、競合サービスへの「浮気」も未然に防げるようになるのだ。

フィンテック化で店舗の実態にあった融資・保険を提供

もう1つの方法は「**フィンテック化**」で、シンガポールのペイメントアプリ「フェイブ（Fave）」はレストランやビューティーサロン、小売などのリアル店舗にQRコード決済を提供している。

これは、いわばPOS（販売時点管理）情報を握っているに等しいわけで、どの店がどれくらい売り上げているのか、リピート客がどれくらいいるのかといったことが手にとるようにわかる。そのため、その店にいくらまでお金を貸しても大丈夫か、貸し倒れのリスクがどれくらいあるかが予測できるのだ。銀行と提携すれば、調子のいい店にお金を貸して、出店を加速させるようなビジネスが可能になる。

従来の銀行融資と決定的に違うのは、担保や保証人の有無、店舗オーナーの人物評価、過去数期の決算書といったあいまいな基準に頼ることなく、日々の取引実績というリアルな情報をもとに融資判断できることだ。

年度決算のPL（損益計算書）のようなおおざっぱな数字では、成長のポテンシャルがある会社か、近いうちに潰れる可能性がないかを見抜くことは困難だが、POSデータを押さえていれば、個々の店舗の真の実力が手にとるようにわかる。だから、実力がある店、成長余力のある人に低金利でお金を貸したり、安く保険を提供したりできるのだ。

しかも、フィンテック系のベンチャーなら、取引記録にとどまらず、ユーザーレビューや顧客満足度の評価と組み合わせて、多角的に分析することもできる。そうなると、銀行よりもフィンテック系の会社のほうが、はるかに正確に店のリスクとポテンシャルを予測できる。銀行よりもきめ細かく、伸び盛りの会社の資金需要に応えれば、他社が簡単には追随できない強みとなる。

このようなフィンテック化は、「②コスト削減」や「③リスク／損失予測」のループを回せば、あらゆる事業領域で視野に入ってくる戦略だ。ぜひ自社のビジネスに応用できないか、知恵を絞ってみてほしい。

パーソナライズされたUXでユーザーを虜に

最後の「④UX向上」の戦略化も見ておこう。まず、これは当然のことだが、同じようなサービスのなかで「最高の顧客体験」を提供すれば、それはそのまま競合に対する強みとなる。

ユーザー1人ひとりにパーソナライズされたUXを突き詰めていけば、顧客はほかのサービスでは満足できなくなる。細部まで自分にフィットした、かゆいところに手が届くサービスを一度経験してしまうと、わざわざ使い勝手のよくない別のサービスを使おうとは思わないからだ。

物流改革によって、物流倉庫内や配送センターまでの輸送は効率化が進んでも、配送センターから個別の客先に至る「**ラストワンマイル**」をどうするかがつねに問題になるように、サービスにおけるラストワンマイルは顧客接点の最後の砦となる。ここをいかにうまく設計するかがカギになるわけだ。

たとえば、中国版スターバックスといわれる「ラッキンコーヒー（瑞幸咖啡／Luckin Coffee）」では、オンラインでコーヒーを事前注文して店舗で受け取ることができる。呪文のようなトッピングもスマホの画面を見ながら注文すれば間違えることもないし、「そろそろコーヒーブレイクかな」というタイミングで「コーヒーはいかが？」というプッシュ通知が届いたりするので、思わず注文してしまうという人も多い。

つまり、適切なタイミングで需要喚起が行われると、需要予測を超えて、ある程度需要をコントロールできる。そういう気の利いたサービスの利用者は、あえて別のサービスを利用したいとは思わないだろう。

最高のＵＸは最強の防護壁

また、完全にパーソナライズされたＵＸまでは至らなくても、サブスクモデルのＳａａＳ（Software as a Service）では、どれだけ長く契約してもらえるか、いかに解約を防ぐかが最重要課題になる。契約した瞬間がゴールになる買い切りモデルとは、根本的に異なる発想が必要だ。

ユーザーを逃さないためには、ユーザーからの問い合わせに対して「待ち」の姿勢が中心となるカスタマーサポートから一歩踏み込む必要がある。サービス提供側から働きかけてユーザーを成功に導く「**カスタマーサクセス**」の取り組みが重要だ。

顧客に成功体験をもたらすことができれば、他社のサービスに乗り換えられる心配は低くなり、ライバルに対する圧倒的な優位性を築けるだろう。

最高のUXを実現するためにAIをどう使って勝利したのか。そのデータも蓄積しておけば、他社が容易に追いつけない優位性となる。UXに関して、他社がコピーできないデータをためるというのが、よりコアな狙いになってくる。

1回「勝つ」だけでなく「勝ち続ける」ことが真の狙い

ここまで見てきたように、AIがもたらす直接的な便益（最終価値）を戦略デザインに組み込むことで、競合他社に対する優位性を築くことができる。だが、勘違いしてはいけないのは、こうして苦労して築き上げた優位性は、未来永劫続くわけではないということだ。

企業が存続する限り、ライバルたちとの熾烈な競争は終わらない。戦略も同じで、目標を定めてゴールしたらそれでおしまい、とはならない。ゴールテープを切った瞬間、新たな目標を定めて突き進んでいかなければ、他社の追撃をかわし続けることはできない。
だが、それは１００キロ超のウルトラマラソンを全力疾走で走り続けるような過酷な競争だ。猛烈に働くことを前提とした設計では、やがて社員は倒れてしまうだろう。

一方ここで、どれだけ働いても息切れしない存在が脳裏に浮かぶ。ＡＩだ。ＡＩは適切なデータを食べることで、どんどん賢くなる。人間は疲れるが、ＡＩは疲れないのだ。
しかし、いままでは適切なデータを人間が手分けして与えなければいけなかった。そのため、これまでは人間が手作業する部分がボトルネックとなって、ＡＩの能力を十分に引き出すことができなかったのだ。

そこで、ＡＩに食べさせるデータを自動で生成できるとしたら、どうだろうか。データ収集に人力が不要なら、半永久的にデータを生成でき、それによってＡＩもぐんぐん賢くなる。
夢のような話だと思うかもしれないが、それを可能にするのがループ構造だ。ループが回り続ければ、ＡＩがどんどん賢くなり、やがては他社が追いつけないほどの強力な防護壁となって、自社ビジネスを守り続けてくれるだろう。１回限りの勝利ではなく、勝ち続けること、さらにいうなら、ループ構造を回し続けて戦わずして勝ち続けることこそが本当の狙いだ。

次のCHAPTER 4では、ループ構造のつくり方を解説しよう。いよいよ本書の核心部分に突入する。

Column

データをためてもいずれ飽和する
サチュレーションと例外処理

100%の精度のAIは存在しない

ハーベストループを回してデータを育て、収穫すれば、AIはどんどん賢くなる。しかし、いくらループを回し続けても、残念ながら、AIが永遠に賢くなり続けることはない。精度には上限があって、100%を超えることは原理的にあり得ないし、100%完全なAIというのも幻想にすぎない。

110ページのColumnで述べたように、いまはレスデータの時代なので、AIを始めた当初は、少ないデータ量で一気に精度が上がっていく。序盤の傾きは急で、いち早く始めたところほど有利になるのは、最初の伸びに勢いがあるからだ。

ところが、AIがこなれてきて、精度が85〜95%くらいに達すると、それ以上何をやっても精度が上がらないという飽和ポイントがやってくる。この状態を「**サチュレーション**（Saturation：飽和）」

といい、飽和状態に達して勢いが止まることを「サチる」といったりする（［図3－5］参照）。

アルゴリズムが同じなら、飽和状態は意外と早くやってくる。だから、アルゴリズムに改良を加えて、できるだけサチらないように工夫するのだが、それでもいつかは精度向上が期待できない状態に近づいていく。

例外処理は最後まで残る課題

精度が85～95％に近づくと、そこから先は、AIが勝手に賢くなるというよりも、AIが解けなかった問題を、人間の手でファインチューニングすることに比重が移っていく。

たとえば、手書き文書をOCRで読み込むAIがあったとして、住所を記入する欄が小さすぎると、枠の外にはみ出して記入する人が出てくる。それをAIが勝手に読み込

［図3-5］AI精度のサチュレーション（飽和）

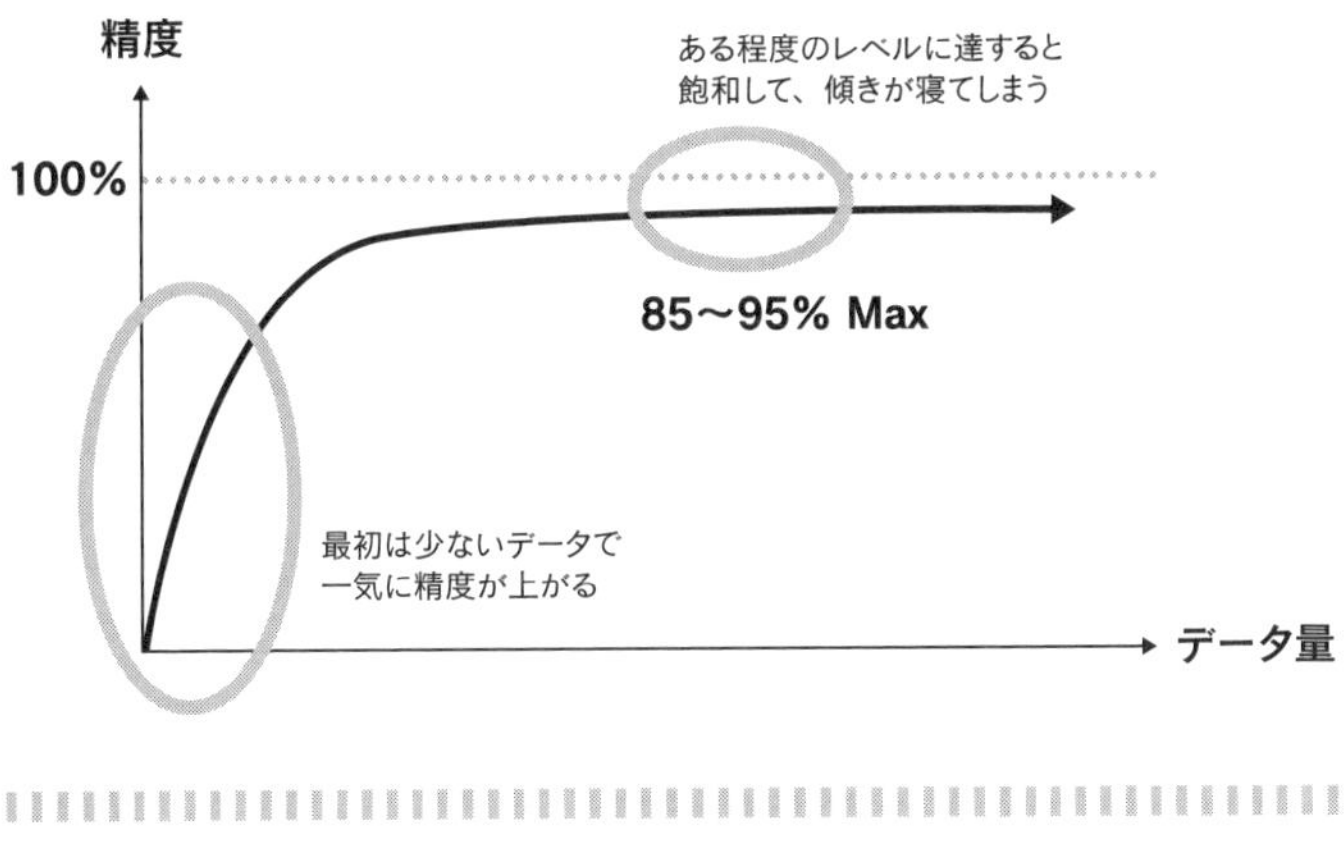

むように学習するのは無理がある。枠内にある文字を読み取るという機能しか組み込まれていないからだ。枠の外の文字も読み込むというのは「例外」で、そこは人間が面倒を見ないと、ＡＩだけでは処理できない。

ＡＩの学習は後半になればなるほど、こうした例外処理が中心になる。印鑑の朱肉は赤だと思っていたけれど、たまに黒いハンコを押してくる人がいる。最近はレインボーの朱肉というのもあるそうだ。そうした例外はＡＩにとっては想定外の事態なので、そのままでは対処できない。だから、人間が１つひとつ拾っていくしかない。飽和点に近づくほど、例外処理の作業が増えていく。

どれだけ想定外の事態に対処できるかというのは、経験値の蓄積にかかっている。経費精算なら、「こんなレシート、見たことない」というケースが必ず出てくる。なぐり書きのような乱暴な文字を読み込むのは、ＡＩにとってはハードルが高い。昔の書類をデータ化するときに、特定の人にしか通じないような略号が出てくると、もうお手上げだ。現場の人間でも意味を理解できるか怪しいからだ。

サチってもまだ上を目指す

ＡＩの精度がある程度飽和したら、その後、どうすればいいのだろうか。

たとえば、精度が95％のＡＩがあったとすると、このＡＩのおかげで生産性は20倍になっている。以前は40人必要だった作業が、いまは２人でできる計算だ。

ＡＩを入れたことで生産性が20倍にもなって「バンザイ！」と喜ぶ人がいるかもしれないが、それで勝ったと思い込むのは早計だ。よく考えればわかることだが、自社が少ないデータから始めて短期間で95％の精度を達成できたということは、１年後にはライバル10社が同じ95％の精度のＡＩをもって戦いを挑んでくるということだからだ。せっかくコストが20分の１になって、利幅がとれると思ったのに、競合他社も20分の１のコストで同じことができるようになれば、コモディティ化は避けられない。

つまり、１回勝てたとしても、それは瞬間風速で、次の瞬間にはレッドオーシャンに飲み込まれる可能性が高い。それでは、ＡＩで勝ち続けることはできないのだ。

［図3-6］AIの精度が「飽和」したらどうすべきか

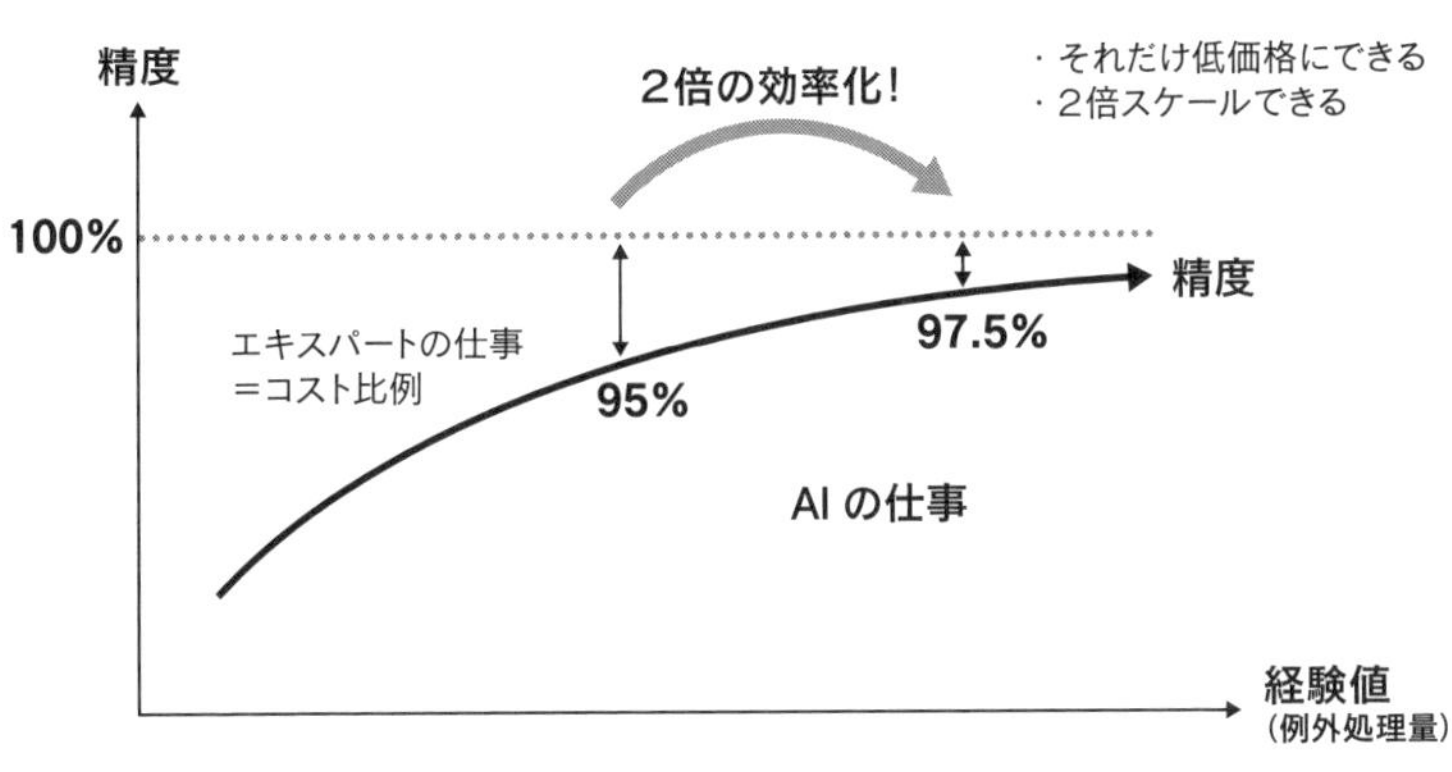

この段階で打てる手は2つある。1つは、例外処理を徹底し、アルゴリズムに手を入れ続けて、95％の精度をさらに上げるということだ。仮に2・5％上げて97・5％にすることができれば、残った2人をさらに1人に絞ることができる。そうなれば、1人あたりの生産性は20の2倍で40倍まで跳ね上がる（［図3－6］参照）。

傾きが寝てきているから、95％を97・5％に上げていくのは骨が折れるし、時間もかかるが、それでも精度を追求することには意味がある。ライバル10社が精度95％のAIをつくって追い上げてきたとしても、その時点で97・5％のAIがあれば、まだ2倍の差がある。それだけコスト競争力上、優位にあるということだ。

ダブルハーベストループを回す

もう1つは、裏側でもう1つ別のループを回すということだ。それがCHAPTER 5に出てくるダブルハーベストループである。残り5％に達した時点で、マイクロプロダクト化（127ページ）をはかったり、フィンテック化（131ページ）して別の儲けを狙ったり、割安なコストを武器に浮いたお金で広告を買い占めたり（123ページ）して、ライバルが追いつく前に別のステージに上がってしまえばいいわけだ。

なかでも広告の独占は、本来広告を打つことによって手に入るはずのデータがライバルに渡るのを防ぐという意味で、二重の効果がある。データがなければ学習もできないので、当面追いつかれることはないはずだ。

いずれにしろ、ＡＩは立ち上がりが早いから、いますぐ始めようというのは、裏を返せば、誰でもすぐに参入できるということにほかならない。だから、生産性が20倍に上がったからといって、手放しで喜んではいられないのだ。ＡＩで勝ち続けるためには、生産性アップの落とし穴にハマっている場合ではないのである。

Chapter 4

データを収穫するループをつくる

ハーベストループでAIを育てる

データを〝狩る時代〟から〝育てて収穫する時代〟へ

いまのようにＡＩがブームになる少し前は、ビッグデータという言葉が流行っていた。データを握ったものが勝者になるという意味で、「**データ・イズ・キング**」と考えられていた時代だ。

しかし、単にデータをたくさん持っていれば勝てるというのは幻想にすぎないことがわかってきた。

ビッグデータ時代にもてはやされたのは、すでにあるデータをどう活用するかという発想だった。典型的なのが「こんなデータが取れました」「こんなデータもあります」「それを使えば、こんな傾向が読み取れます」というパターンで、大量のデータからインサイト（洞察）を抽出して、それを競争力につなげていこうという考え方が主流だった。

データには隠れた宝物が埋まっていて、それをうまく見つけた者が勝つ。だからこそ、「データは王様」であり、大量のデータを握ったプラットフォーマーには勝てないと思われていたのだ。

しかし、話はそう単純ではなかった。ただひたすらデータを収集するだけでは、たいした洞察が得られないどころか、一時的に競争優位を築けたとしても、そうして得られた競争力はそれほど長続きしないことがわかってきたのだ。

それはなぜか。まず、大量にデータがあるといっても、それがＡＩにとっていいデータかどうかわからない。さらに、そのデータを分析したところで、過去のことはわかるかもしれないが、未来のことはわからない。

既存のデータはたいてい過去の記録でしかないからだ。変化の激しい現代に重要なのは、刻々と移り変わるリアルタイムのデータであって、リアルタイムデータを取得できる体制がなければ、時代の変化に取り残される恐れがある。

ビッグデータ時代にもてはやされたのは、ストック型のデータだった。しかし、ＡＩ時代に使い勝手がいいのはどんどん流れてくるフロー型のデータであり、フロー型のデータを扱うには、データがリアルタイムで入ってくる体制をいかに築くかが勝負を決める。

ビッグデータ時代は既存のデータを探して狩る狩猟の時代だったと表現できる。だがいまは、必要なデータを自ら育て、できたそばから収穫《ハーベスト》する農耕の時代に突入したのだ。

そして、データを育て収穫するサイクルこそが、本書が提唱するハーベストループにほかならない。データを握った者が勝つのではなく、リアルタイムでデータが入ってくるループ構造をつくった者が勝ち続ける。「データ・イズ・キング」ならぬ、「**ループ・イズ・キング**」の時代の到来だ。

ループ構造をつくってはじめてAI戦略は機能する

ここまでの話を振り返ると、CHAPTER 2ではAIを使うメリットを見た。だが、最終価値（End Value）だけでは、とくにAIがコモディティ化しつつある時代には、差別化できない。そこで、CHAPTER 3では最終価値を戦略にアップグレードして、競争優位へと変換することを試みた。

しかし、勝負は1回勝ったら終わりではない。ただ勝つのではなく、勝ち続けるためには、他社が簡単には真似できない構造をつくる必要がある。それがハーベストループである。データが持続的にたまり、それによってAIの精度が上がり続けるループ構造をつくったビジネスこそが、長期的には有利になるのだ。

逆にいうと、ループ構造をつくらないままAIを活用しようとしても、やがて行き詰まるのは目に見えている。AIに食べさせるデータを用意できなければ、AIは成長できないからだ。学習によってどんどん賢くなるのがAIの最大の強みなのに、継続的にデータを与え続ける仕組みがなければ、せっかく用意したAIの成長は停滞し、やがて陳腐化して、すぐに時代に取り残されてしまうだろう。

それならばと、段階に応じて、別のところから買ってきたデータをAIに食べさせようと考える企業があるかもしれない。だが、それでは間に合わないのだ。

［図4-1］データを育てて収穫する「ハーベストループ」を回す

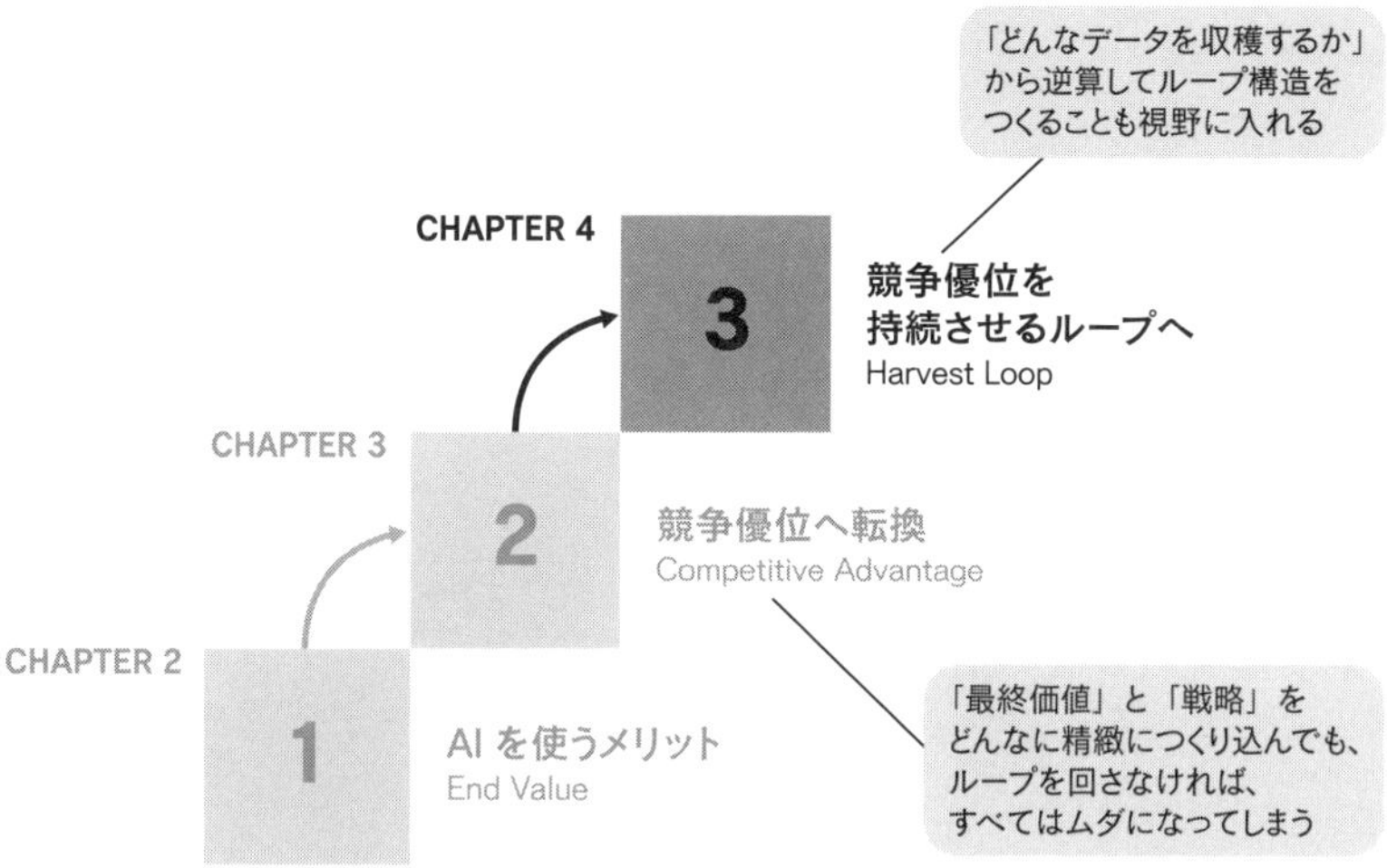
「どんなデータを収穫するか」
から逆算してループ構造を
つくることも視野に入れる
CHAPTER 4
3
競争優位を
持続させるループへ
Harvest Loop
CHAPTER 3
2
競争優位へ転換
Competitive Advantage
CHAPTER 2
1
AI を使うメリット
End Value
「最終価値」と「戦略」を
どんなに精緻につくり込んでも、
ループを回さなければ、
すべてはムダになってしまう

ふだんのオペレーションのなかで半ば自動的にデータを蓄積し、それによってＡＩをどんどん賢く育てていくのが、ＡＩ強化の基本である。いったん研修を終えたら、次の研修機会までは淡々と作業をこなすだけの新人と、現場に入っても毎日学習し続ける新人、どちらの成長スピードが勝っているかは、考えなくてもわかるはずだ。

圧倒的なスピード感は、ライバルたちを引き離す大きな要因の１つとなる。ＡＩの成長スピードを支えるのに、日々の業務のなかで吐き出されるデータに優るものはないのだ。

ハーベストループのつくり方

では、データを継続的に育てて収穫するハーベストループは、どのようにつくればいいのだろうか。いきなりループ構造をつくれといわれて、戸惑ってしまう人も多いかもしれない。

［図4-2］ローギークスにおけるAI導入の「最終価値」

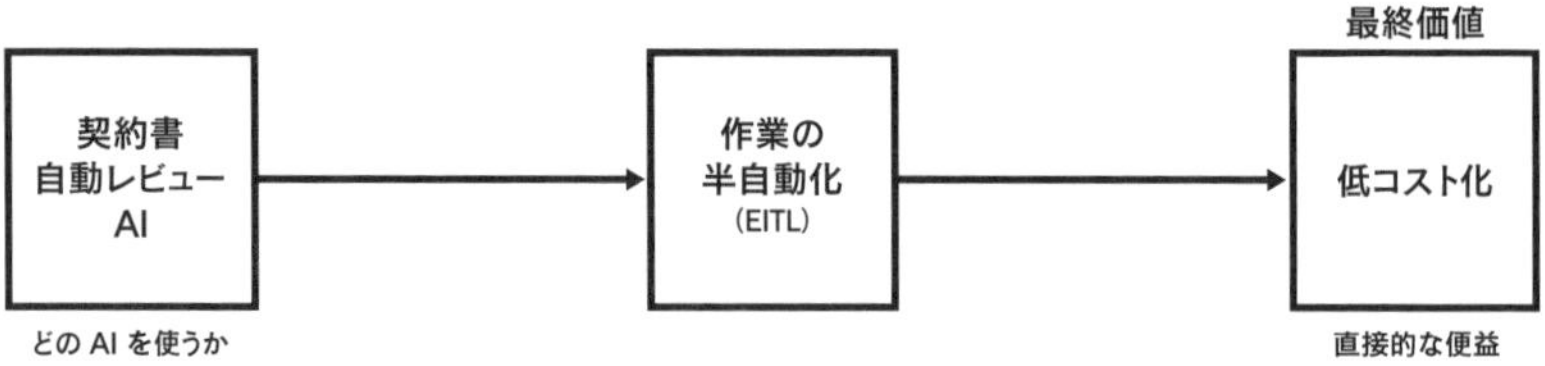

だが、順を追って見ていけば、やっていることはそれほど複雑ではないことがわかるだろう。むしろ、このあとの流れに従って考えていけば、誰でも戦略的にAIを使いこなせるようになる。

ここでは、CHAPTER 2でも取り上げた「ローギークス（LawGeex）」のケース（82ページ）をもとに、実際にループ構造をつくってみよう。どんな講釈を聞くよりも、実物を見たほうが直感的に理解できるはずだ。

①最終価値（AIを使うメリット）を見極める

ローギークスは、弁護士をはじめとしたエキスパート向けに、AIを使った契約書レビューサービスを提供している。弁護士がこのサービスを使うと、レビュー時間が大幅に短縮されるというのが売りだ。

同社のドキュメントレビューAIは、エキスパート・イン・ザ・ループ型で弁護士の業務をサポートする。レビュー時間が大幅に短縮されるので、コスト削減につながる。これが直接的な便益であり、AI導入によってもたらされる「最終価値」である（［図4－2］参照）。

[図4-3]シングルラインをデザインして、競争優位を築く

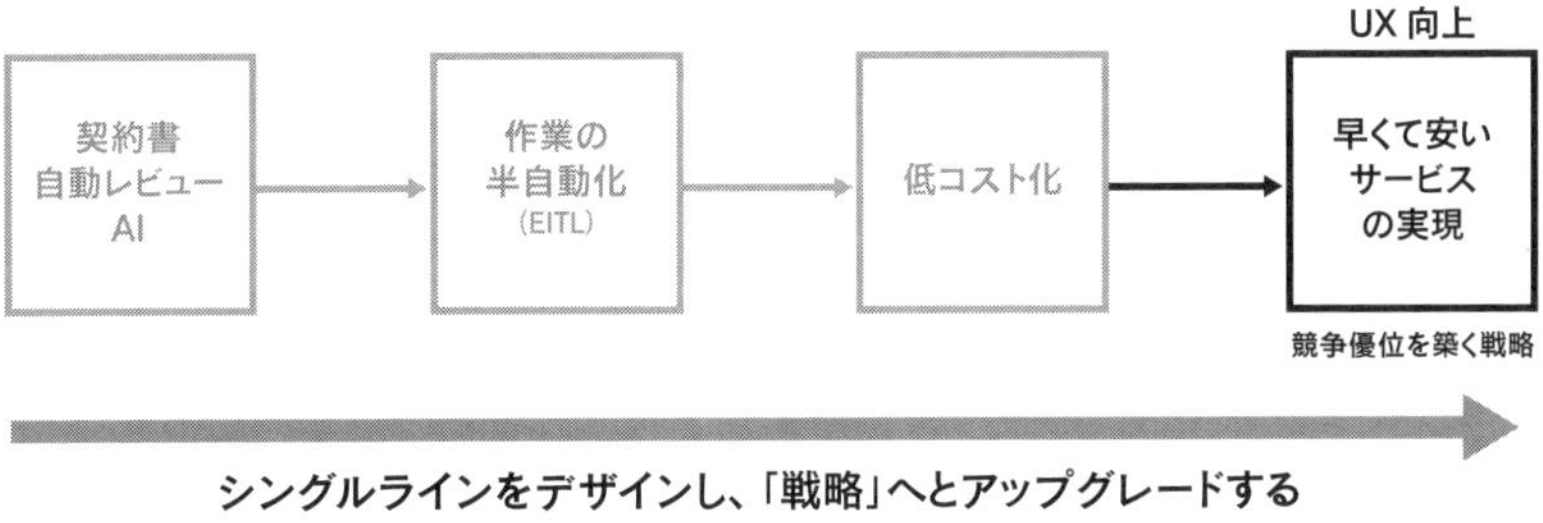

②戦略へのアップグレード

コストが下がると、結果として迅速かつ安価なサービスを提供できるようになる。これが競合に対する優位性をつくり出す。ベストなＵＸを提供できれば、ユーザーは離れられなくなるからだ。CHAPTER 3で説明した「競争優位を築く戦略」へのアップグレードである（[図4－3]参照）。

ここまでで一直線の「シングルライン」ができあがる。繰り返しになるが、「これでＡＩ戦略は一丁上がり」と思ってはいけない。これだけでは1回つくって終わりの単発勝負でしかなく、ＡＩを継続的に育てるための仕組みが組み込まれていないからだ。

ＡＩは学習によってどんどん賢くなる。その学習プロセスを日常的なオペレーションのなかに組み込むことではじめてＡＩの強みが生きてくる。そこで、次はデータを育てて収穫するハーベストループをつくることが目標となる。

［図4-4］データを蓄積してAIを強化する「ハーベストループ」

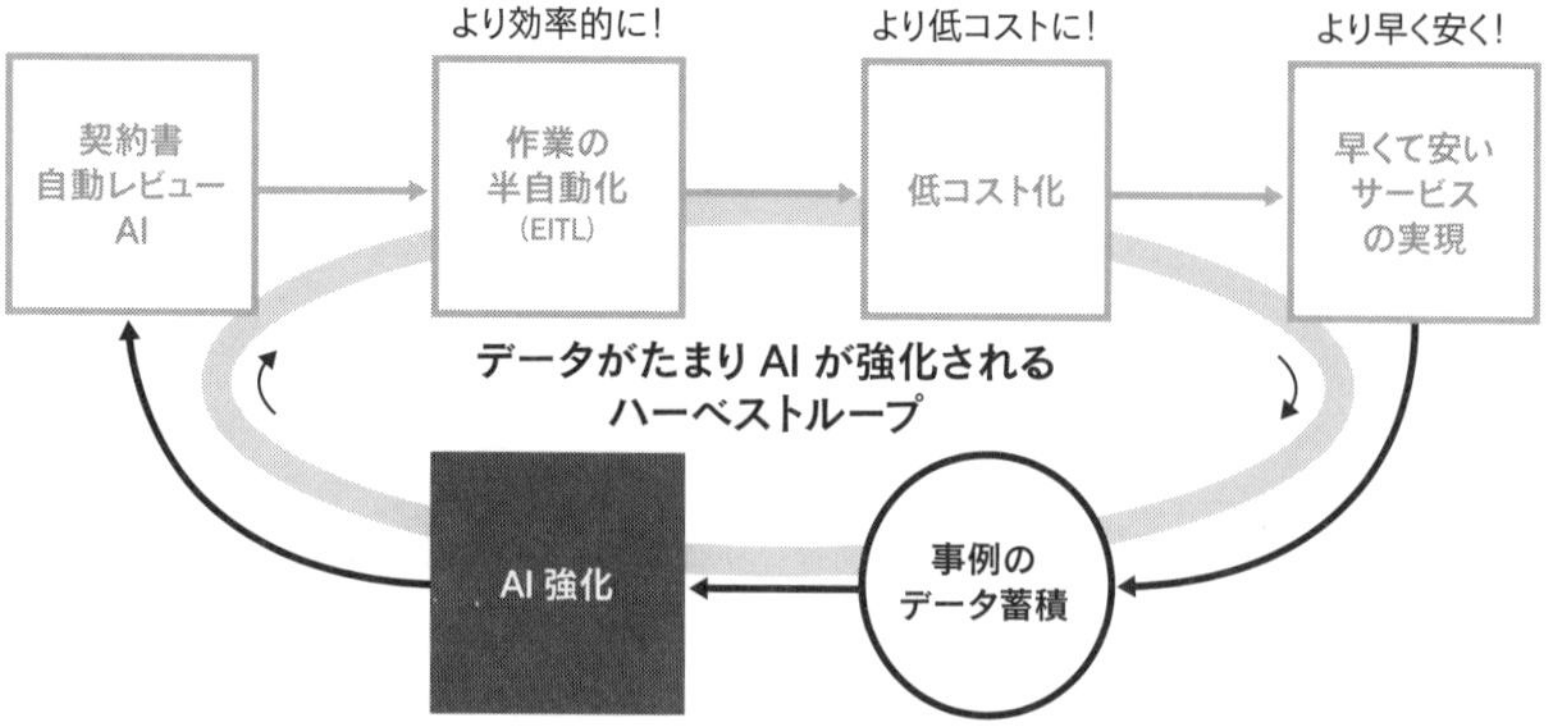

③ループ構造をつくって競争優位を持続する

ローギークスには、契約書などのドキュメントデータがたまっていく。しかも、そこに弁護士によるフィードバックもついてくる。すると、「AIはこうレビューしたけど、弁護士は別のレビューをした」といったことまで、ひたすらデータとしてたまっていく。

このような比較データがあると、AIは学習しやすくなる。それを教師データとしてAIに学習させれば、AIはどんどん賢くなるし、専門家にとっても、違和感のない提案が増えてくる。自分たちのフィードバックが生かされていくのだから当然だ。

AIが強化されれば、効率はもっと上がり、さらにコストが下がって、よりよいサービスにつながる。このサイクルは1周回って終わりではなく、ずっと回り続けるから、AIの精度はどんどん上がり、UXもどんどん向上して、やがて競合を寄せつけないレベルに達する。これがハーベストループの威力なのだ。

この［図4－4］が理解できると、ループ構造を伴わないAI活用がいかに「絵に描いた餅」だったか、わかるのではないだろうか。すでにあるデータを狩ってAIをつくっても、つくりっぱなしでは、その優位性は一瞬で失われる。コツコツ学び続けるAIには、勝てないからだ。繰り返しになるが、「ループ・イズ・キング」なのである。

最初から「ループありき」で考える

このループ構造を一般化したのが次ページの［図4－5］だ。左上からいくと、どんなAI（どんな機能のAI）を使って何をするのか（最終価値）。その結果、ユーザーにはどんなメリットがあるのか（ライバルに対する差別化＝競争戦略）。ここまでが上段のシングルラインで、AIを導入しようとする企業なら、おそらくここまでは考えるだろう。

しかし、このままでは「学習するほど賢くなる」というAIの強みを引き出すことはできない。AIにデータをフィードバックして強化するという学習プロセスが抜け落ちているからだ。データを育てて収穫するというハーベストループが回ってこそのAI戦略なのである。つまり、最初からループを回すことを前提にAI戦略を練る必要があるのだ。このことはぜひ肝に銘じておいてほしい。

[図4-5]「ハーベストループ」を構想する基本フレームワーク

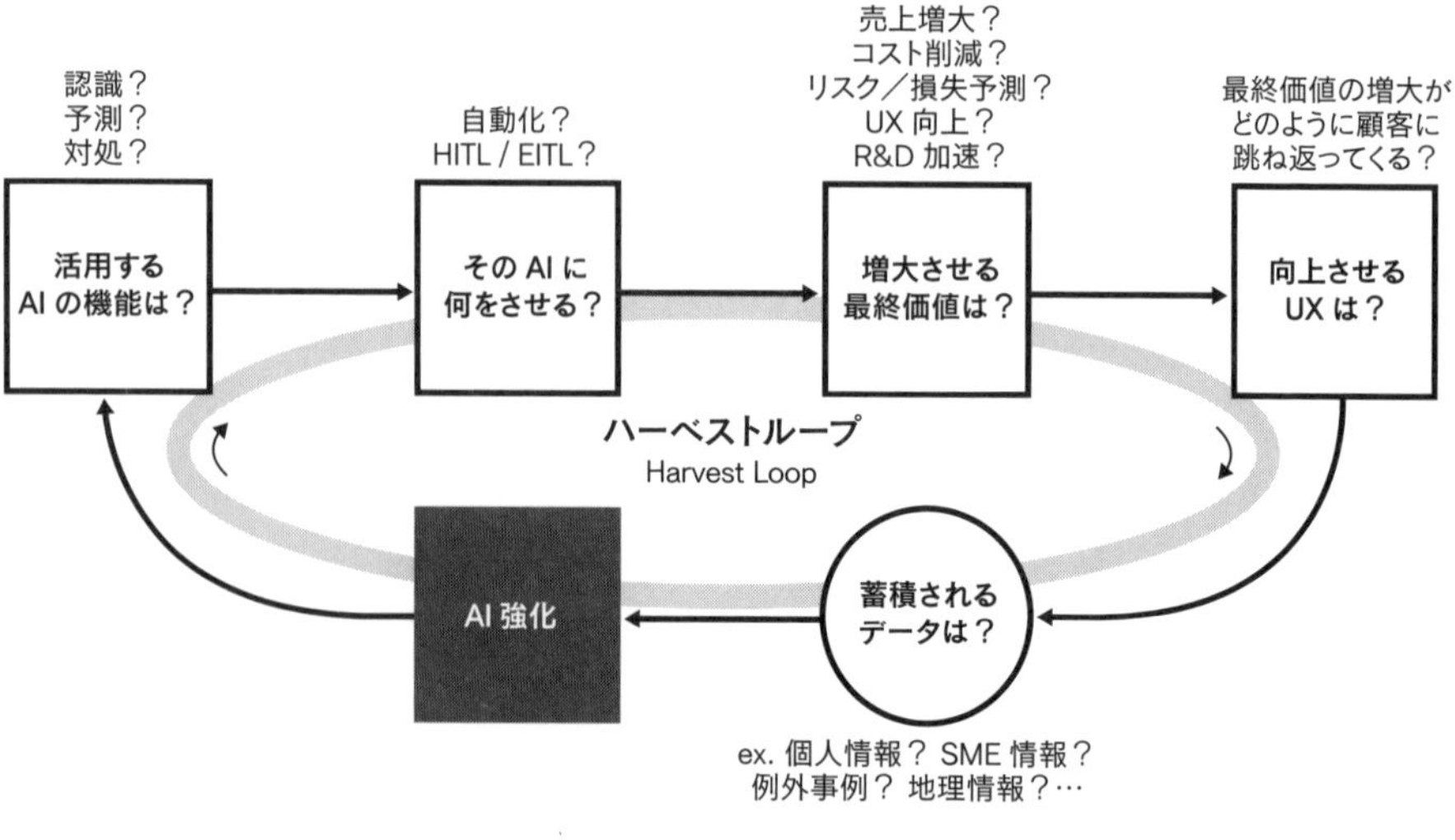

「機能の強化」「価値の増大」「UXの向上」が加速し、
持続的な競争優位性の向上へつながる！

このループ図にしたがって、みなさんにもＡＩ戦略を考えていただくことになるが、ここで「ループ・イズ・キング」と並ぶ、きわめて大事なもう1つの事実を指摘したい。それは、「最初から完璧である必要はない」ということだ。

ＡＩは適切なデータを与えればどんどん賢くなる。逆にいうと、最初はそこまで精度が高くなくても、データを継続的に与える仕組みさえ整っていれば、どんどん精度が上がっていくということだ。つまり、設計段階からハーベストループが回るように仕込んでおけば、当初の完成度はそこまで高くなくてもかまわない。ループを回し続けていさえすれば、あとから精度はついてくるからだ。

精度はあとからついてくる

たとえば、ある弁護士事務所がいますぐにドキュメントレビューＡＩを実装しようとすると、数億円単位のお金がかかって採算が取れないという話になりかねない。だが、弁護士のレビューデータをためていくアプローチであれば、いますぐに始められるはずだ。

集めやすく、学習しやすいデータをふだんのオペレーションのなかでいかに効率的・継続的に収穫するか。そこを考えて、いま自分たちにできることから手をつければ、開発のハードルはグンと下がる。それこそ、資金力のない中小企業でもできるはずだ。

「最初から完璧を求めず、開発しながらどんどん精度を上げていく」と頭を切り替えれば、初期投資のコストも抑えられるし、投入するまでの時間も短縮できる。むしろ、細かなことは脇において、いち早くデータを収穫するループを回し始めたほうがいいことに気づくはずだ。ループさえ回っていれば、精度はあとからついてくる。

つまり、設計段階からどんなデータを集めるかを考えて、そこを起点にAI戦略全体をデザインするわけだ。最初からループを回す前提で設計図を考えれば、ムダも少ないし、開発スピードも上がる。

AI戦略をデザインするときに、ここまで紹介してきた細かな事例研究にどれだけ時間をかけて、どれだけ緻密な計画を立てても、うまくいくとは限らない。それよりも、むしろ「自社の業務やサービスならこんなデータが手に入りやすい」「そのデータを使えばAIはこういうふうに強化されるはず」という部分から考えて、少しでも早くループを回し始めれば、結果としてそれがいちばんの近道となる。

どんなデータをためればいいのか

では、どんなデータをためればいいのだろうか。ポイントは大きく分けて2つある。

[図4-6]どんなデータをためればいいか

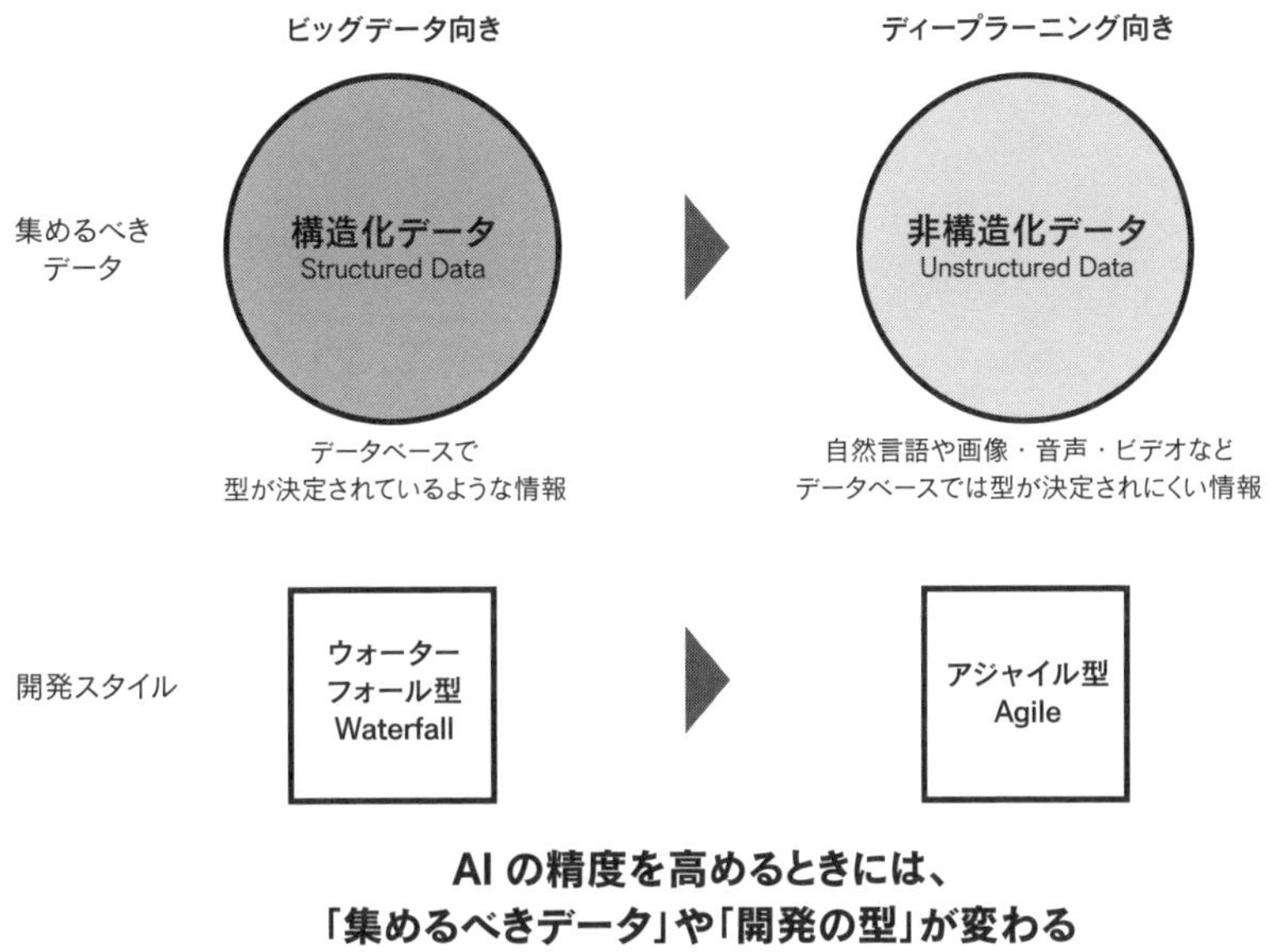

1つめは、現在のＡＩに向いているのは、「**構造化データ（Structured Data）**」ではなく「**非構造化データ（Unstructured Data）**」であるということだ。

構造化データとは、要するに型がかっちり決まっていて、データベースで分類されるようなデータのことだ。エクセルで処理しやすいデータと思ってもらえば、だいたいあっている。

それに対して、非構造化データというのは、型にはめられる前の生データ、つまり文章のままのテキストデータや、画像・動画・音声などのデータである。ワードやパワーポイントで自由に記述された文書を思い浮かべてもらえばいい。フォーマットが決まっていなければ、ありとあらゆる形があり得るわけで、そのままではどう分類したらいいかわかりにくいだろう。

この構造化データと非構造化データは、定型データと非定型データ、定量データと定性データとも表現できる。
これまでは、構造化されたデータをためてビッグデータ解析をするのが主流だった。データベースに収めるためには、事前に構造を決定しておかなければならない。あらかじめ氏名・性別・生年月日・住所・電話番号などの「型」を決めておいて、それに合わせてデータを収集することで、分類・分析が可能になるわけだ。

インターネットビジネスでマーケティングが浸透したのは、構造化データを大量に集めることができたからだ。誰がどのリンクをたどって何のサイトにアクセスし、どのページを何秒間閲覧したか、といったデータが集まれば、数値解析が可能になる。それによって個人の好みに合わせたレコメンド機能やターゲティング広告が発達したのだ。

しかし、単純な型には当てはまらないメールの文面やブログ、日報などの自然言語を処理するのは苦手だった。まして、画像・動画・音声などの生データは、ほとんど分析の対象とはならなかった。全文検索である「言葉」が登場する頻度や傾向はつかめても、画像や動画に出てくる特定の「モノ」や「現象」をコンピュータが認識するのは難しかったからだ。

AIプロジェクトに向いているのは「生データ+アジャイル型開発」

ところが、2010年代に登場した「**ディープラーニング**（**深層学習**）」という画期的な技術によって、AIは生のデータを直接扱えるようになった。人間があらかじめ分類パターンを決めておかなくても、AIが特徴をつかんで、特定の対象なり現象なりを抽出できるようになったのだ。

ネットにアップされた大量の画像を読み込んだAIが、人間に教えられなくても、そこにたくさん登場するネコという存在に気づいて、ネコを認識したというニュースが話題になったのが2012年。以来、この技術は急速に発達して、AIの自然言語処理・画像認識・音声認識・動画認識能力を飛躍的に高めてきた。

その結果、いまでは、どんなデータが必要なのかを最初から決めなくてもいい、という見方が新たに広がってきた。つまり、とりあえずテキストデータを全部残したり、現場の様子を丸ごと録画・録音したりしておいて、そこから何を抽出するかは、運用しながら考えていけばいいし、状況に応じてどんどん変えていけばいいという発想である。

すると、どんなデータをためればいいのかという問い自体も先延ばしして、とりあえず全部記録・録音・録画しておくという判断も十分成り立つ。全部記録を残しておくといっても、事業規模がそんなに大きくなければ、必要なストレージの容量もたいしたことはない。

とにかく見切り発車でも始めてしまえば、あとからいくらでも調整できる。その意味で、ＡＩプロジェクトというのは、走りながら考える**アジャイル型**の開発に向いている。中小企業でもＡＩに取り組みやすいのは、アジャイル型だと初期投資が少なくてすむから、という面も忘れてはいけない。

たとえば、どんなデータがあればいいのか、計画段階ではよくわからないというなら、いまある業務のすべてのプロセスをとりあえず記録しておいて、強みとなりそうな何かが見つかった段階で、そこにフォーカスしてＡＩに学ばせるというやり方もある。

フォーカスする対象は、開発が進むにしたがってシフトしていくのが自然だし、小さな試行錯誤をたくさん重ねて徐々に最適化をはかっていくスタイルは、変化の激しい現在の市場環境にもともと合っている。

一方、計画に沿って前工程から後工程へ順繰りに開発を進めていく**ウォーターフォール型**では、途中で軌道修正をはかることが難しい。だからこそ、あらかじめ型が決まっている構造化データとの相性がよかったのだ。

しかし、非構造化データが主流になってくると、最初にきっちり計画を立てて、進捗を管理し、予定どおりに開発するというウォーターフォールの考え方が染みついている業界ほど、対応に苦慮することになる。

ＡＩプロジェクト全体がウォーターフォール化してしまうと、集めるデータの型を決める最初の段階で、どんな型がいいのかを延々と議論するという罠に陥りがちだ。どんなデータをどう分類して、どうやって集めるか。そこを仮に1年近くかけて決めたとして、そこからようやく重い腰を上げ、順繰りに開発を進めて数年後にリリース。しかし、その頃には、自社開発のサービスよりもはるかに使い勝手のいいサービスがとっくに市場を席巻していて、完全に出遅れてしまう。どこかで見た光景ではないだろうか。

日本でAIを使ったDX（デジタルトランスフォーメーション）が進まないのは、ウォーターフォール型の思考に染まりすぎて、身軽さを失ってしまっていることも原因の1つだろう。

だが、逆にいうと、そういう思考に染まっていない業界なら、「とにかく最初は雑でもいいから、できるところから始めてみよう」といわれたほうが取り組みやすいはずだ。繰り返しになるが、いちばん大事なのは、少しでも早くループを回すことなのだ。

人間に関わることはすべてデータになる

データをためるときの2つめのポイントは、「人間に関わることはすべてデータになる」ということだ。「人間に関わること」は大きく3つに分けられる。「ユーザーとの接点」「仕事内容」「マーケット動向」だ（図4－7」参照）。

まず、「ユーザー」に関わる部分というと、顧客とのミーティングで何を話したか、そのとき相手はどう

[図4-7]人間に関わることはすべてデータになる

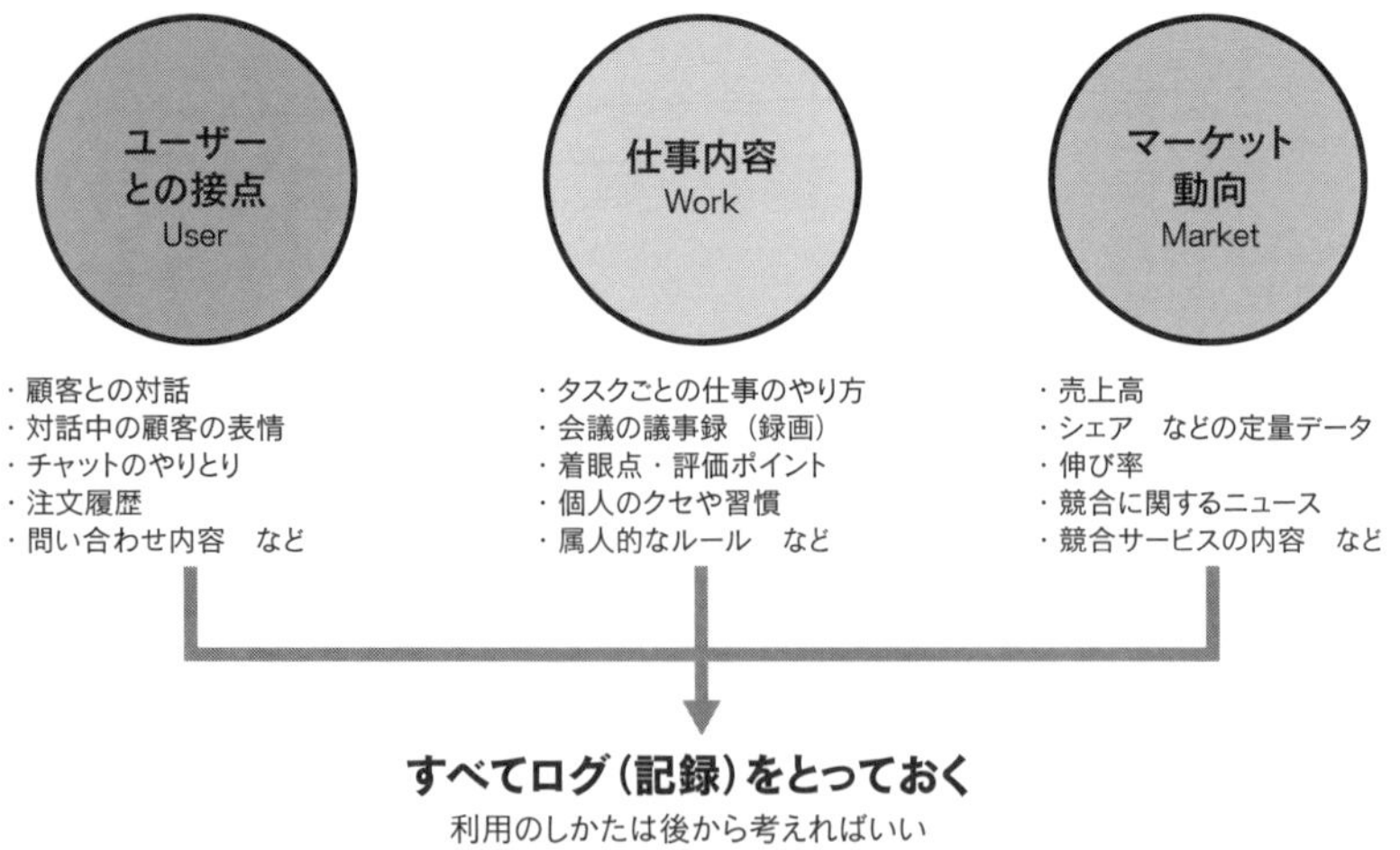

いう表情だったのか。不満そうだったのか、満足していたのか。ミーティングの模様を全部録画しておいて、表情を認識するＡＩを使えば、顧客満足度をスコア化できるかもしれない。

「仕事」に関することでいえば、弁護士が何をどうやってレビューしたのか、すべてスクリーンキャプチャして画像をとっておくこともできる。

複数の人が似たようなポイントに着眼しているなら、そこをＡＩに重点的に学習させることで、ＡＩの行動がよりエキスパートに近くなることが期待できる。同じようなミスを繰り返している人がいれば、それをフィードバックして改善につなげるといった利用法もありそうだ。

「マーケット」についても、たとえば競合に関する口コミ情報やウワサ話なども記録をとっておけば、あとから利用法が見つかるかもしれない。

いずれにしろ、いますぐ利用法が思いつかなかったからといって、その記録が無意味とは限らないということだ。生データから「何か」を抽出できるＡＩなら、データさえ残っていれば、「何か」が見えてきた時点でさかのぼってデータを分析できる。

そして、残しておく価値がある情報の多くは、対話や会議や商談、人間が実際に行う作業手順など、人間が直接タッチする部分にある。同時にそこは、いままで構造化されてこなかった領域でもある。

人間にしかできない仕事にメスを入れる

じつは、構造化データというのは、ＡＩでなくても、既存のＩＴシステムである程度自動化・効率化できる。構造化されていれば、機械的なプロセスマネジメントの対象になるからだ。

つまり、ある仕事なり現象なりは、構造化された時点で、遅かれ早かれ、機械によって代替される。型にはまった繰り返し作業は、ムラッ気が多い人間よりも、疲れ知らず、ミス知らずの機械のほうが得意だからだ。

むしろ、いままで構造化できなかった領域にこそ、人間にしかできない仕事が含まれている。いわゆる職人芸の世界だ。属人的な要素が強すぎて、うまく言語化できない、あるいは言語化されてこなかった領域にメスを入れて、その一部だけでもＡＩで代替することができれば、レバレッジ（テコの原理）が効く。

すでにある程度自動化できていた部分でＡＩを使っても、効果は限定されるのに対して、これまで自動化とは無縁だった職人芸の世界で、たとえ3割でも自動化できれば、その効果は絶大だ。

アマゾンの成功を見ていると、構造化データを駆使して、効率をとことん追求すればグローバルプラットフォームができると思いがちだが、これからのＡＩは、むしろ非構造化データをどれだけうまく扱えるかで勝負が決まる。

職人の勘と匠の技で培われてきた世界にＡＩで切り込めば、いままで個人間でしか伝承できなかった技の一部が横展開できるようになる。親方の背中を見ながら10年かけて身につけた知識と技が、たとえ一部であってもＡＩによって代替できれば、相当な強みとなる。

その意味で、すでにある程度ＩＴ化が進んだ大企業よりも、労働集約性の高い中小企業の仕事のほうが、ＡＩ化の恩恵を受けられる見込みが立ちやすい。すでに数々のトレーニングを積んで筋肉質になった人がさらに身体を絞り込むよりも、いままで筋トレなどしてこなかった人がはじめて意識的に身体を動かしたときのほうが、効果が出やすいのと同じだ。

Column

ループを回せるデータと回せないデータ
データ・ネットワーク効果

大半のデータはレッドオーシャン化へ一直線

「ハーベストループを回して収穫したデータで再学習していけばAIが賢くなる」というのが本書のメインテーマであるが、どんなデータでもためればいいというわけではない。当たり前の話だが、ループが回りやすいデータもあれば、そうでないデータもある。そのやり方だとループが回らないけど、こうすれば回るという見極めが重要で、ハーベストループがうまく回るかどうかは、そのあたりの肌感覚が物をいったりするのだ。

では、どんなデータがハーベストループに向いているのか。1つの考え方としてはデータの「**ネットワーク効果**（**Network Effect**）」が効くかどうかで分ける方法がある。データ・ネットワーク効果とは、データ量が多ければ多いほどUXが向上し、ユーザーがそのサービスから離れられなくなるという効果を指す。

たいていのデータは［図4－8］の真ん中のタイプで、最初は勢いよく立ち上がるのだが、あるレベル以上になると、伸びが収束してしまう。

136ページのColumnで紹介したサチュレーション（飽和）がまさにその典型で、ほとんどのデータは途中で傾きが寝てしまう。

考えてみれば当たり前で、イヌとネコの画像を区別しようというときに、1万枚の画像で学習してすでにかなりの精度になったAIに、追加でさらに100万枚の画像を読み込ませたところで、たいして精度は上がらない。上がらないから、ライバルたちと差別化しにくく、やがてレッドオーシャンに飲み込まれる運命にある。

[図4-8] データに作用する「ネットワーク効果」の型

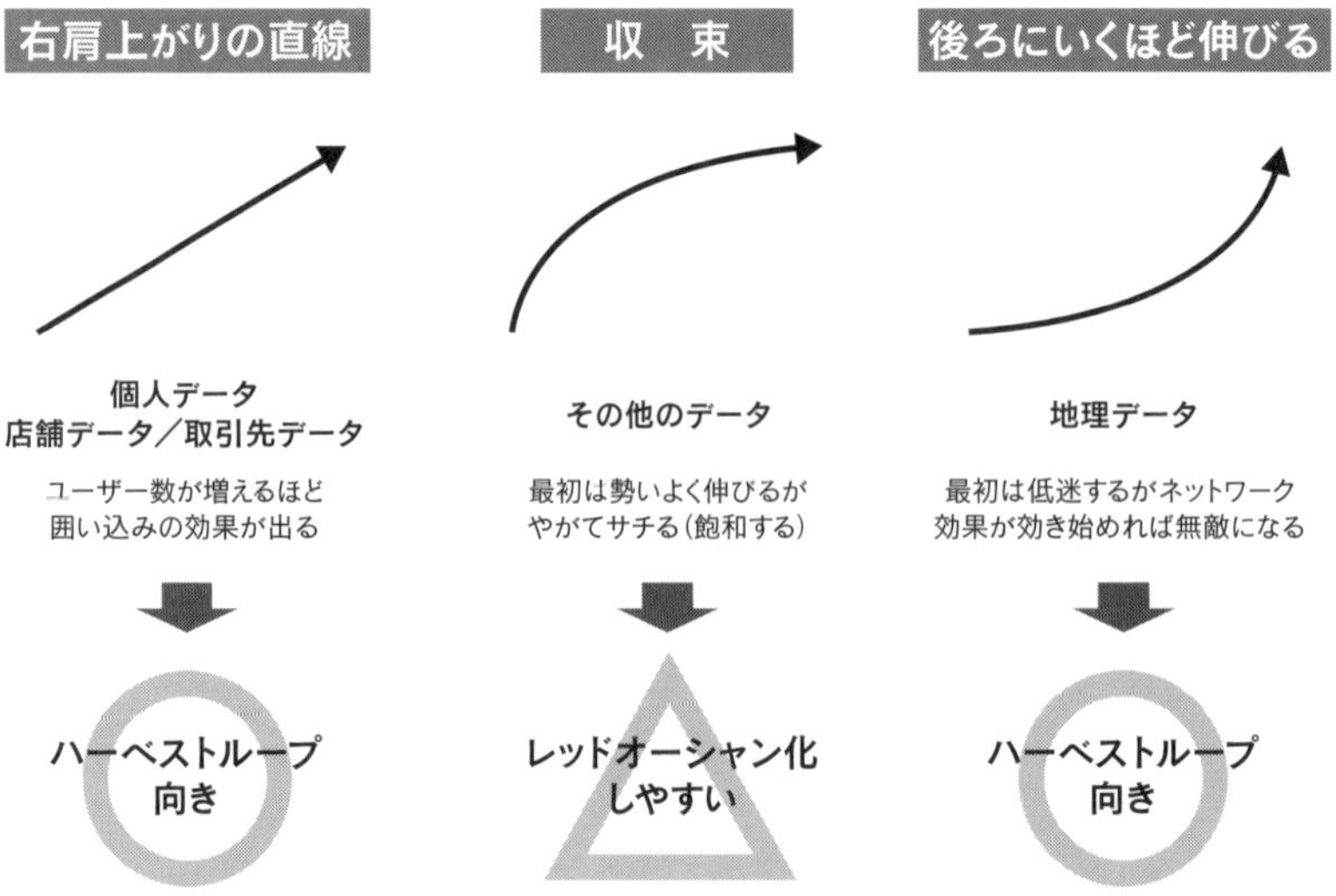

個人データはためればためるほど威力が増す

ほとんどのデータは収束するという前提に立ったうえで、そうならないタイプのデータがいくつかある。

1つは個人データだ。個人データは「誰のデータか」というアイデンティティ（ID）と紐づいているので、データをためればためるほど、ユーザーのカバレッジ（カバーしている範囲）が広がり、ネットワーク効果が生まれやすい。

アマゾンや楽天のようなECサイトを想像するとわかりやすいが、利用者が1万人のサービスと、1000万人のサービスがあったとすると、後者の価値は単純に1000倍以上になるし、ユーザーにとっても、そこで買い物をすればするほど、自分の個人データがたまり、自分の嗜好に合った商品をレコメンドしてくれるようになる。だから、個人データはためればためるほど、AIの精度も、サービスの質も向上する。［図4−8］の左のように、右肩上がりの直線を描くのだ。

誤解してはいけないのは、ここでいう個人データはあくまで個人のIDと紐づいたデータを指すということだ。よくプライバシーとの関係で、「誰のデータかわからない形（IDと紐づかない形）であれば、『個人データ』をビッグデータ解析に利用してもいいのではないか」という議論があるが、あの「個人データ」は厳密には個人データではない。

個人と紐づかないデータで、たとえば、「30代の独身女性はこういう傾向があるらしい」というインサイト（洞察）が得られたとしよう。しかしこのとき、分析対象のサンプルが1000人から1万人になったとしても、10倍の効果があるわけではない。むしろ、内容はほとんど変わらないだろう。

つまり、IDと切り離された時点で、その「個人データ」は、［図4－8］の中央のような収束するタイプのデータになってしまうのだ。もちろん、そういうデータに価値がないわけではないが、データをためればためるほど精度が上がるという性質は失われている。

店舗や取引先データ、例外データは宝の山

個人データと同じく、右肩上がりの直線を描くのは、小売や外食、サービスなどの店舗データや、B2Bにおける取引先のデータだ。たとえば、レストランの情報をたくさん押さえていれば、お店を探して予約するお客さんに対しても、多くの顧客の目に触れて来店数を増やしたいお店に対しても、ネットワーク効果が働く。

営業支援のセールスフォースが握っているような情報も、かなり強力なネットワーク効果が働く。新規取引先を開拓したい企業にとっても、便利なサービスを求める企業にとっても、魅力的な情報になるからだ。

もう1つ、増えれば増えるほど効果が得られやすいのが、例外処理の経験データだ。かなり奇抜なドキュメントを処理した経験値が増せば、それだけさまざまな例外パターンに対処できるAIをつくれるので、自動化に対しては、排他的なネットワーク効果が働きやすいことがわかっている。

地理データは面をとってしまえば一人勝ちに

最後に、強力なネットワーク効果が働くのが、地理データだ。地図やロードマップは、一部の地域だけではほとんど価値がなく、全国をカバーしてはじめて価値をもつという特殊性がある。

グーグルマップの渋滞情報がわかりやすいが、当初はサンフランシスコ周辺にユーザーが偏っていて、テキサスでは使っている人がほとんどいなかったから、ナビゲーションシステムとしては使えないとされていた。しかし、いまや世界中のユーザーがリアルタイムで使っているから、ネットワーク効果が働きまくって、もはや誰も対抗できない無双状態になっている。

つまり、序盤は完全に低空飛行で、企業のもち出しで頑張ってデータをためていくしかないが、それがあるレベルを超え、全国津々浦々をカバーするようになると、ユーザーがユーザーを呼び込むネットワーク効果が作用して、一人勝ちの状態になる。後ろにいくほど伸び率が上がり、後半にめっぽう強いのが地理データの特徴だ。

Chapter 5

多重ループを回して圧勝する

ダブルハーベストこそ最強の戦略

学習し続けるAIがループを回す駆動力となる

ハーベストループを回して継続的にAIを強化し続けることが、持続的な競争優位を築く土台となることは、CHAPTER 4を読んでわかっていただけたのではないかと思う。

しかし、ハーベストループのメリットは、それだけにとどまらない。このループ構造がきわめて優れているのは、データを育てて収穫するというサイクルをあえて止めない限り、ずっと回り続けるところなのだ。

人間の場合、成長し続けるためにはモチベーションが不可欠だ。人によって、それは昇進や昇給に対する欲望かもしれないし、周囲の人から認められたいという欲求かもしれないし、もっと知りたい、もっとできるようになりたいという探究心かもしれないが、モチベーションが枯れてしまうと、成長への意欲が失われ、やがて停滞してしまう。

つまり、人間の場合、学習に必要な素材（研修、教材、ユースケース、現場体験など）を与えるだけではダメで、それ以外にモチベーションという駆動力が必要になる。

ところが、AIにはモチベーションはいらない。AIは人間と同じく成長するが、人間と違って気分や体調に左右されない。適切なデータを与え続けるだけで、淡々と学習を続けてくれる。データは学習のための素材であるばかりか、学習を続けるためのガソリン（燃料）でもあるのだ。もちろん、AIを動かすには電力とコンピュータの計算能力が必要だが、これは人間に空気や水、食事（栄養）が必要なのと変わらないだろう。

しかも、ＡＩの学習スピードは人間の比ではない。分野にもよるが、もともとの処理能力が人間よりもはるかに上なだけでなく、ＡＩの学習結果はコピーもシェアもできるし、複数のＡＩが同時並行で学習を進めることもできる（98ページで紹介したエヌビディアのロボットシミュレーションを思い出してほしい）。また、ＡＩはいったん学習したことを忘れることもなければ、ケアレスミスも起こさない。

データを与える限りずっと学習し続けるＡＩは、一見すると、ガソリン（燃料）を与える限り回り続けるエンジン（内燃機関）と同じに見えるかもしれない。だが、両者は根本的に違う。エンジンは同じことを繰り返すだけなのに対して、ＡＩは学習を重ねれば精度が上がっていくからだ。

ＡＩが強化されるからこそ、ハーベストループの好循環が続くのだ。同じところをグルグル回っているだけでは、コストも下がらないし、ＵＸ（ユーザー体験）もよくならない。要するに、ハーベストループがいったん回り出せば、ＡＩがどんどん賢くなり、そのこと自体が駆動力となって、ずっと回り続けるから強力なのだ。

自走するループは、別のループを回す原動力にもなる

ループを回して改善を続けるというと、Plan（仮説）→Do（実行）→Check（検証）→Action（改善）の「PDCAサイクル」を思い浮かべる人がいるかもしれないが、あれはすべての段階で人間が積極的に関与することが前提となっている。仮説を立てても実行しなければストップしてしまうし、実行しても検証されないこともあり、次のアクションでどこまでレベルを上げるか（あるいは上げないか）も、人間の価値判断に委ねられている。

つまり、やる気のある人間が情熱をもって取り組めば、それなりの成果が期待できるが、やる気のない人間がPDCAの真似事をしても、同じところをグルグル回るエンジン（内燃機関）にしかならないということだ。

成長するAIを駆動力とするハーベストループは、あえて人間が止めない限り、最適化への道をひた走る。そして、最初のループが原動力となって、もう1つ別のループが回り出す。これが「**ダブルハーベストループ**」の正体である。

AIの成長を駆動力とするダブルハーベストループは、データを与える限り回り続ける半永久機関のような代物だ。もちろん、適切なデータを与えてAIの精度を高める創意工夫は、人間に残された重要な仕事だ

［図5-1］ダブルハーベストループで競合を圧倒する

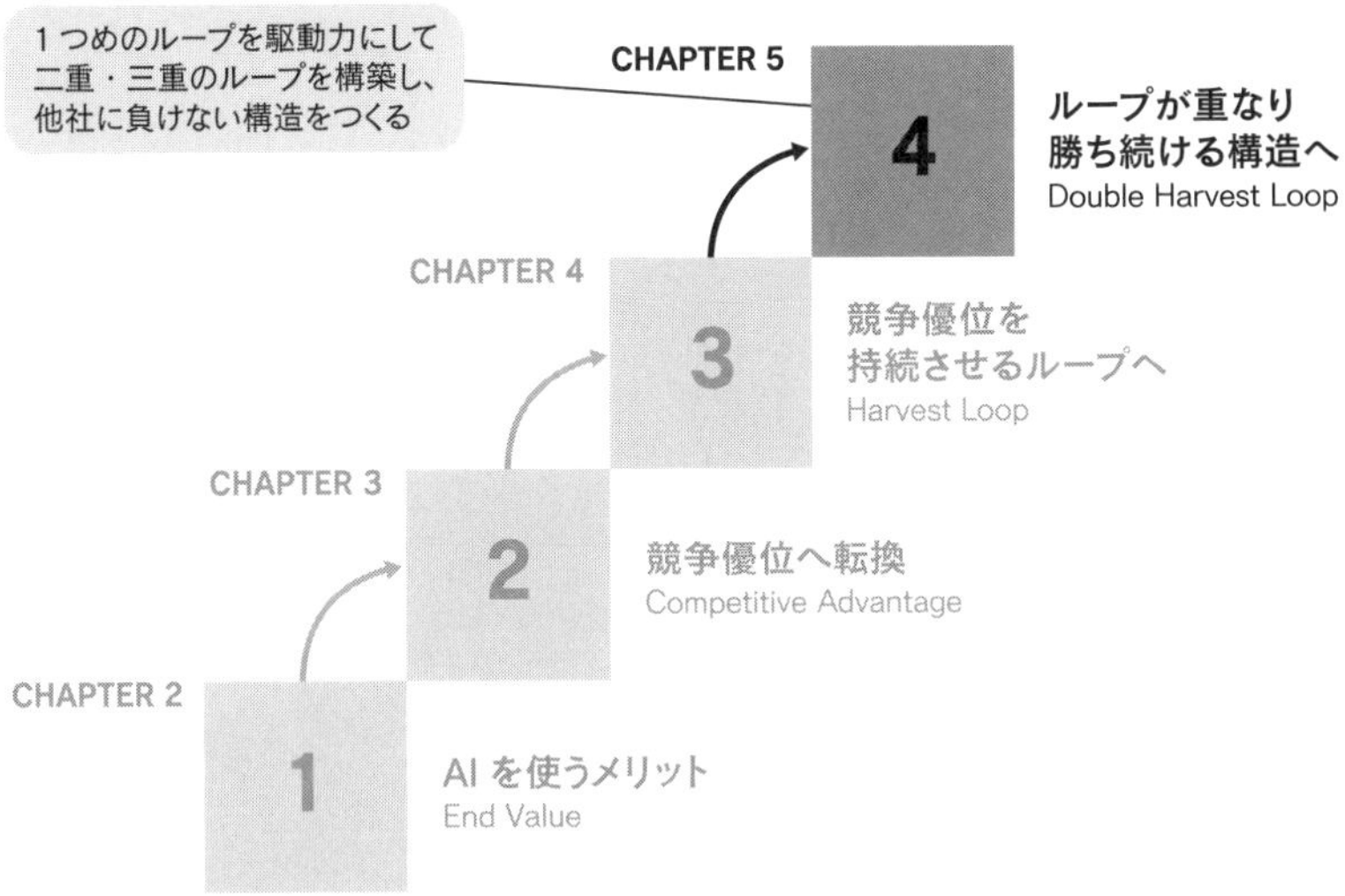

が、２つのループを人力だけで回し続けるのは至難の業だ。それと比べれば、疲れ知らずのＡＩの成長力に牽引してもらえるダブルハーベストループの優位性は揺るがない。

なぜダブルハーベストループが必要なのか

では、なぜ別のループを回す必要があるのだろうか。

それは、１つめのループを回した結果、競争優位が持続するといっても、未来永劫優位とはいえないからだ。たとえば、ループを回してコストリーダーシップを握り、圧倒的な低価格を実現してライバルを蹴落としたとしても、コストはゼロ以下には下がらない。時間が経てば、当初の優位性は薄れていく。あるいは、一時的にベストなＵＸを提供して市場を席巻したとしても、ライバルたちも死に物狂いで対抗策を打ってくるだろう。さらに、サービスそのものを無効化するような新手の挑戦者が登場するかもしれない。

いくらハーベストループが強力だといっても、「一本足打法」では、いつかは競合に追いつかれるかもしれない。しかし、1つめのループの裏側で、さらに強力な別のループが回っていれば、容易には真似されない。そもそも、そういうループが回っていることに気づかれないかもしれないのだ。

ハーベストループを何重にも重ねていけば、設計図もそれだけ複雑になる。そういう複雑な仕組みは、外からはなかなか窺い知れないものだ。ダブルハーベストループの狙いはまさにそれで、より複雑で、より模倣されにくいループ構造を築くことで、優位性を揺るぎないものにすることを目指している。

[ケース①]ローギークスのダブルハーベストループ

ここからは、具体的なケースを3つ取り上げて、ダブルハーベストループのつくり方を説明していく。まずは、「ローギークス(LawGeex)」のハーベストループを示した[図5－2]をもう一度見てほしい。

同社が弁護士業務で実現していたのは、典型的なエキスパート・イン・ザ・ループだ。エキスパートによるドキュメントレビュー事例のデータをどんどんためて、それでＡＩを強化していく。これが最初のハーベストループである。

［図5-2］ローギークスのハーベストループ

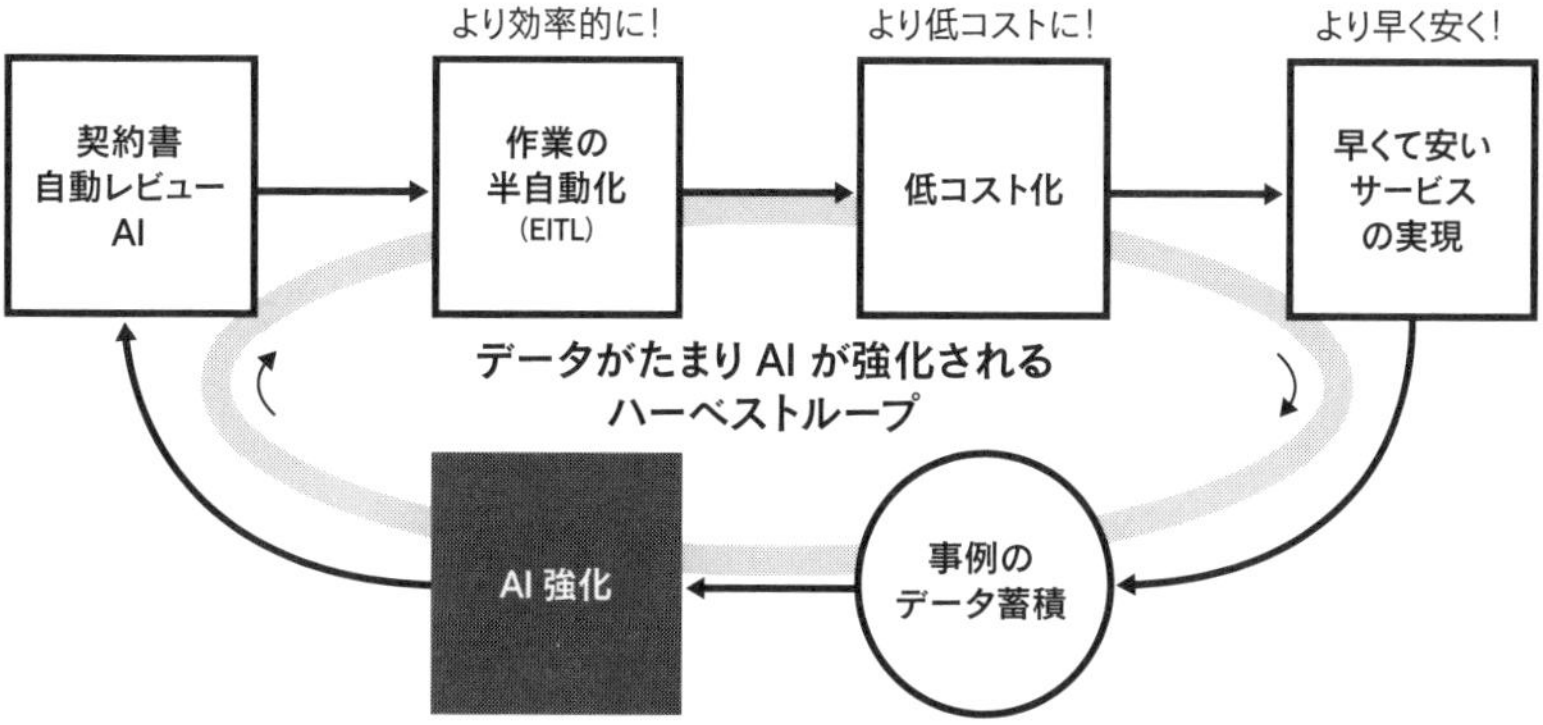

これをエキスパートの立場から見ると、ＡＩが強化されるにしたがって、単純作業が減っていくことが体感できるはずだ。弁護士のようなエキスパートにとって、単純な繰り返し作業は「自分でなくてもできる仕事」の最たるものであり、そうしたことに時間をとられるのは「能力のムダ使い」と感じる人も多いだろう。

そのため、単純作業が減ると、その職場は「自分の能力を伸ばせるいい職場」ということになる。「ムダな作業が少なくて働きやすい会社」「雑事に忙殺されずに成長を加速する職場」は、優秀な人材にとっては魅力的な就職先になるだろう。

その結果、会社の採用力が上がり、いい人材が集まるようになる。そうなれば当然、仕事のクオリティも上がるので、最終的にはサービスへの満足度にも反映されるという、もう１つのループが回り出すのだ。これが同社にとってのダブルハーベストループとなる（［図５－３］参照）。

一見、無関係な２つのループをかけ合わせて考えれば、優秀な弁護士がクオリティの高いフィードバックをするので、ドキュメントデータの質も向上し、ＡＩの精度も上がる。結果として、さまざまなタイプの契

[図5-3]ローギークスのダブルハーベストループ

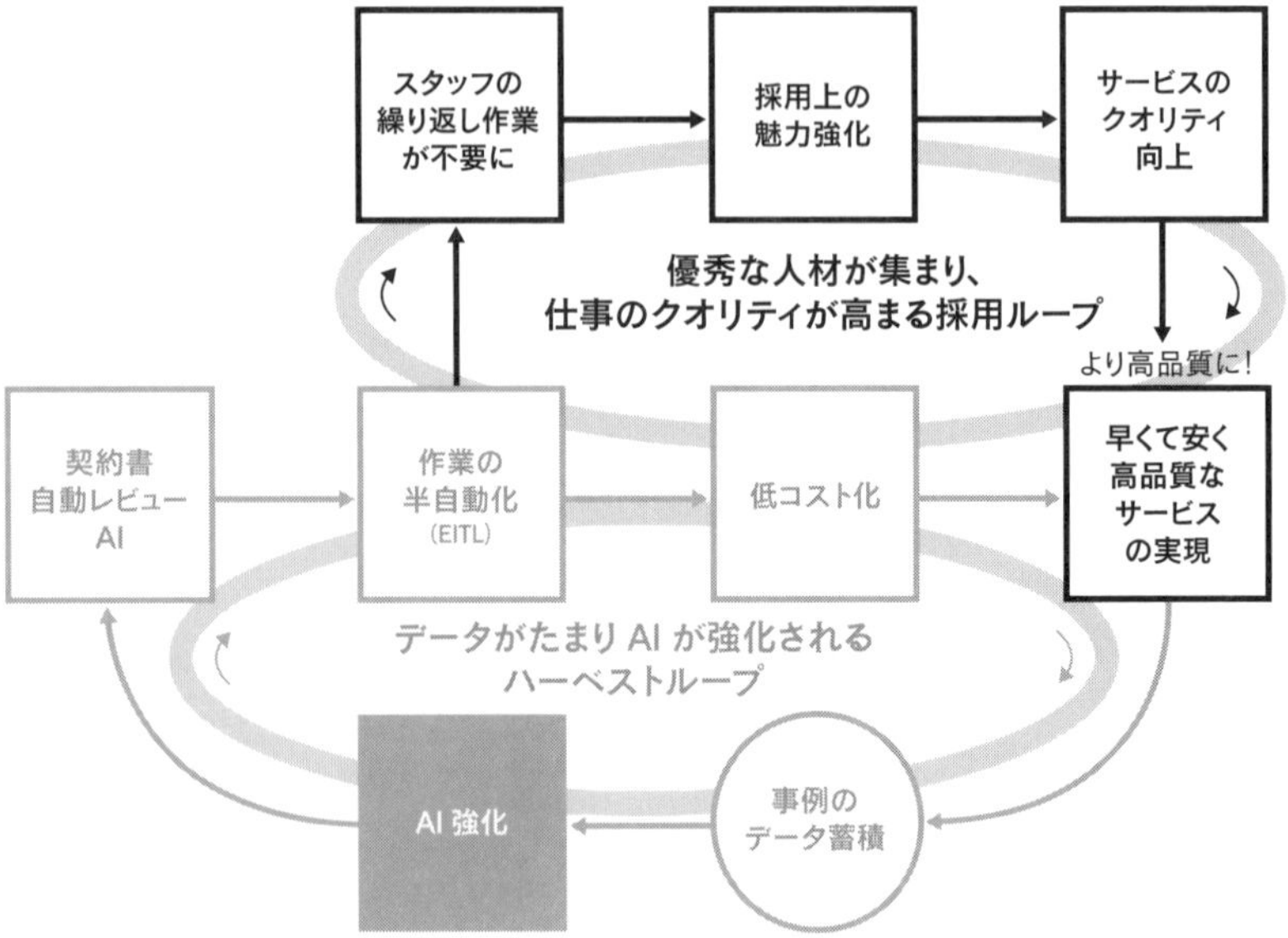

約書に対して、いち早く的確なレビューを出せるようになる。後発組にとっては、簡単には埋まらない差が生じ、しかも時間が経つほど、その差は広がっていくだろう。

「採用」と「育成」のループが回り出す

エキスパート・イン・ザ・ループで優秀な人材が集まるこのダブルハーベストループは、おそらくエンジニアにも当てはまる。アプリやゲーム、インターネットサービスの開発をしている人たちにとって、繰り返し作業がなく、技術的にチャレンジングな仕事を任せてもらえる会社はとても魅力的に映るはずだ。優秀な人材が喜んで集まってくるだろう。結果としてＡＩがさらに強化されるわけだ。

この「採用ループ」は、ベンチャーに限らず、インハウス（社内）の開発プロジェクトでもつくることができる。優秀なエンジニアにとって「ムダな作業をしなくていいプロジェクト」というのは理想郷にほかならない。

さらに想像力をたくましくすれば、ここにもう1つのループ、トリプルハーベストループをつくることもできそうだ。ひと口にエキスパートといっても、能力や経験値に個人差もあれば、得意分野も人それぞれ。そこで、エキスパートの仕事ぶりについてパーソナライズされたデータをためていくことで、個人の能力や適性に応じた仕事をマッチングさせることができるかもしれない。

たとえば、Aさんにはこのジャンルの経験をこの時期に積ませたいからこの仕事を与える。Bさんはこのレベルの仕事だともはや退屈なので、もっとレベルの高い仕事を任せる。一方、このレベルだったら、入社2年目のCさんなら喜んで取り組んでくれるはずだ。このように、個人のレベルに合わせた仕事をうまく配分できれば、個人の成長も加速させられるだろう。

社員の能力が上がれば、仕事のクオリティが上がり、さらに高品質のサービスにつながる。CHAPTER 2で述べたように、パーソナライズはAIの得意分野でもあるので、この「人材育成ループ」を回すことも当然視野に入ってくるはずだ。

何より「採用ループ」と「人材育成ループ」が回り出すと、働いている人も幸せになる。エキスパートはもともと希少人材なので、このダブルハーベストループ、トリプルハーベストループが回れば、競合に対して圧倒的な優位を築くことができる。

［ケース②］モービルアイのダブルハーベストループ

続いて、Prologueで紹介した「モービルアイ（Mobileye）」のケースを紐解いてみよう。完成された［図0

［図5-4］モービルアイにおけるAI導入の「最終価値」

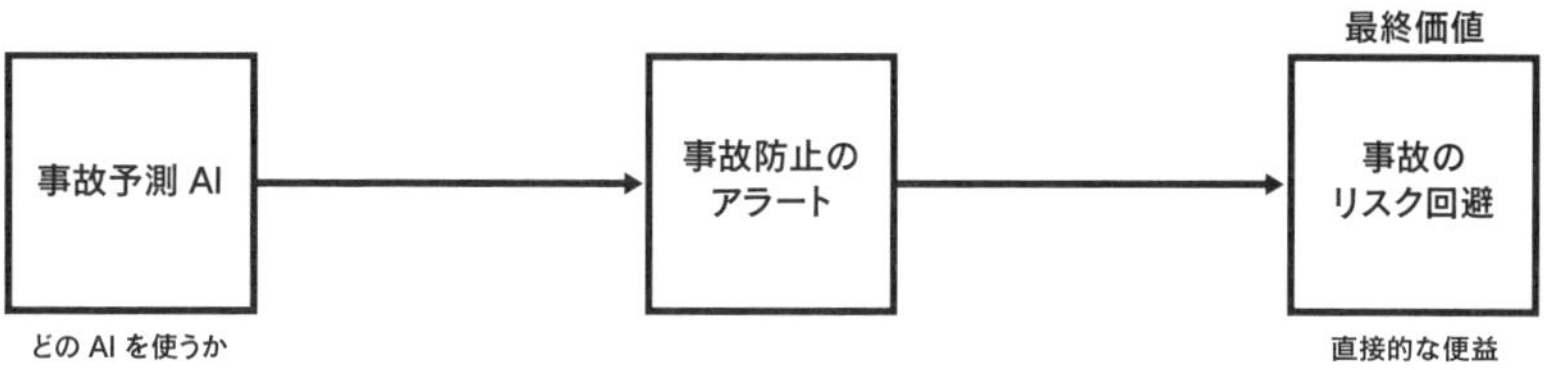

－3」（32ページ）をいきなり見せられても、どうやってループ構造をつくればいいのか、見当もつかなかったのではないだろうか。しかし、いまのみなさんなら、あの図をかみ砕いて順番に描くことができるはずだ。答え合わせをする気持ちで読んでほしい。

①最終価値（AIを使うメリット）を見極める

自動運転の画像認識技術に長けたモービルアイにとっては、事故予測AIを使って事故リスクを回避することが、当面実現すべき価値となる（［図5－4］参照）。

②戦略へのアップグレード

次に、事故のリスク回避という最終価値は、より安心な運転体験をユーザーに提供するという競争戦略に置き換えられる。優れたUX（ユーザー体験）は他社に対する防護壁として機能するという話は、CHAPTER 3で述べたとおりだ（［図5－5］参照）。

しかし、このシングルラインだけでは、1回限りの勝負しかできない。事故予測AIの精度を上げる学習プロセスが組み込まれていないからだ。そこで、シングルライ

[図5-5]競争優位を築くシングルライン(モービルアイの場合)

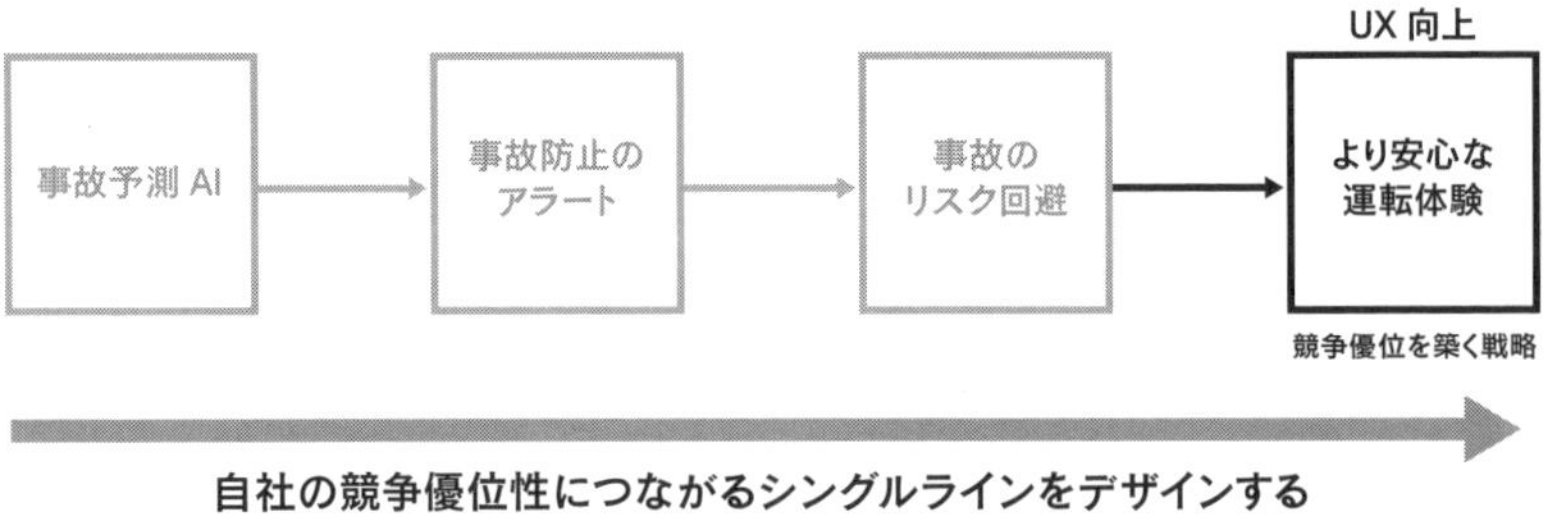

ンを実行する際に、データを自動で生成・収集するプロセスを組み込むことが求められる。それが次のステップになる。

③ループ構造をつくって競争優位を持続する

モービルアイの場合、自動運転車に搭載した各種センサーから入ってくるリアルタイムデータが事故を予測するときの前提となる。公道を走れば、道路標識や路面状況、車の位置関係などの画像データが刻々と入ってくる。これらのデータをためておいて、ＡＩの学習に役立てれば、ＡＩの画像処理能力はどんどん上がる（［図５－６］参照）。

ここで大事なのは、自動運転車を走らせれば、これらのデータが必ず勝手にたまっていくということだ。

自動運転車が走れば走るほど、大量の画像データがたまり、ＡＩの事故予測能力が上がって、ユーザーはさらに安心して自動運転車に乗れるようになる。走行距離が増えれば増えるほど、集まってくるデータも、それだけ多種多様な状況を加味したものになるので、ＡＩはどんどん賢くなる。また、実際に自動運転車が遭遇した場面のデータなので、ＡＩが学習する

[図5-6]ハーベストループを構築する（モービルアイの場合）

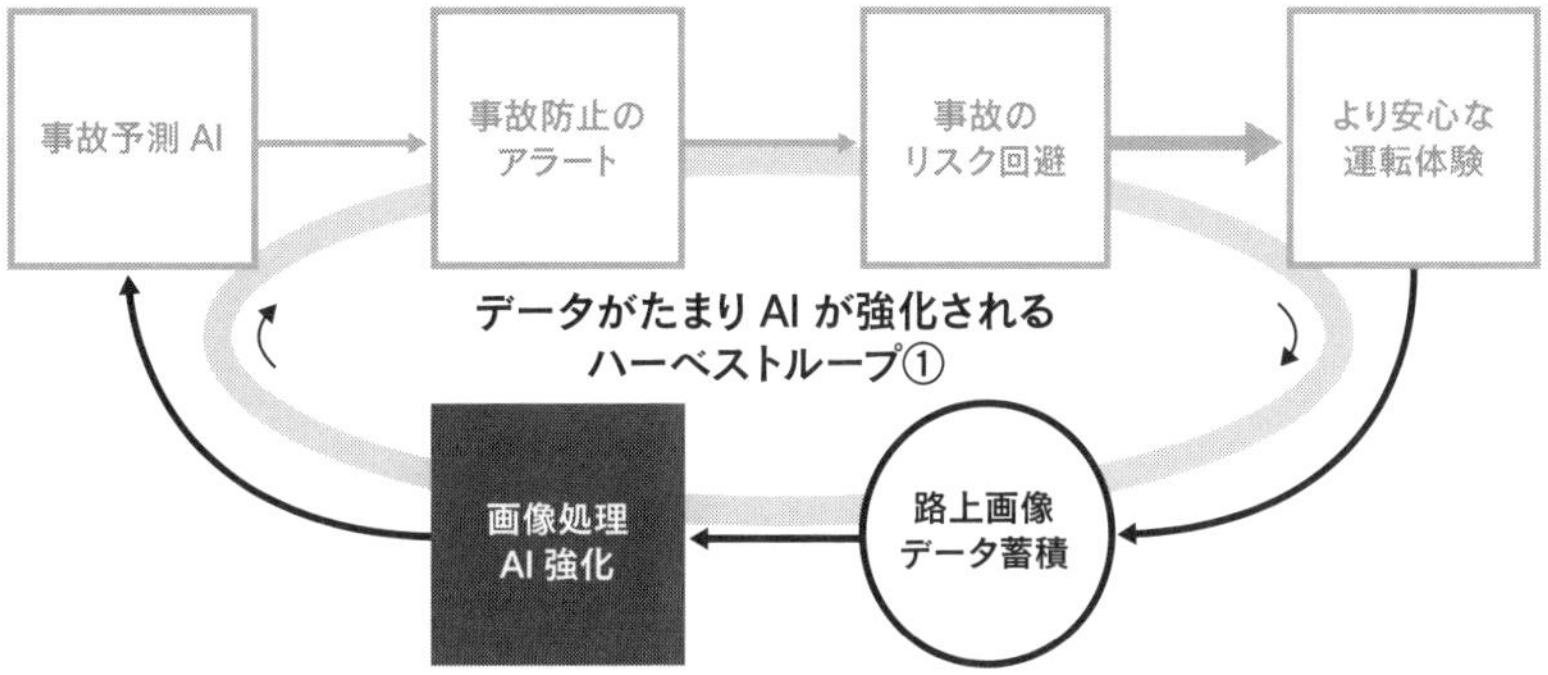

のにこれ以上適したデータはない。

先ほどのシングルラインに、学習に最適なデータを自動で育てて収穫するプロセスを加えれば、AIがどんどん強化されるループ構造ができあがる。これが最初のハーベストループだ。

一度ループ構造をつくれば、走行距離を増やしていくだけで、ずっとループが回り続ける。それによって事故予測率が上がり続け、UXも向上していく。クルマが走れば走るほど、競合との差が開いていくというわけだ。

④ダブルループ構造をつくって他社を圧倒する

ハーベストループを1つつくって回し続けるだけでも、他社に対する競争優位を高められることは間違いない。AIを使ってみたけど、たいして儲からないし、ライバルとの差別化にもつながらないと嘆く人たちの大半は、豊かな実りを半ば自動で収穫するループ構造を築けていないだけだ。

しかし、AIとデータがつくるループ構造は1つだけとは限らない。うまくデザインすれば、もう1つ別のループをつくることができる。ダブル

[図5-7]モービルアイのダブルハーベストループ

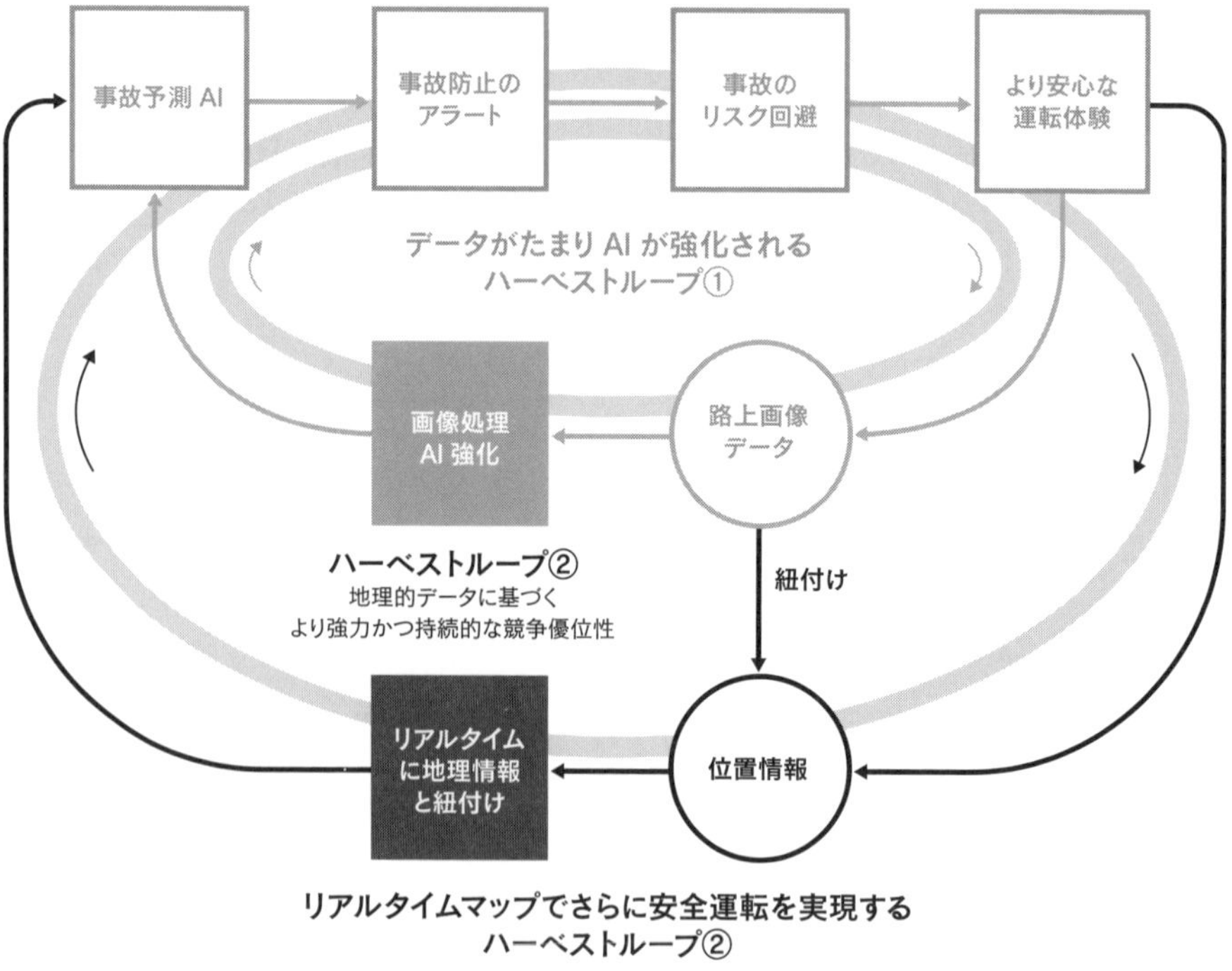

ハーベストループが回り出せば、競合に対する優位性はさらに強固になる。

モービルアイの場合は、画像データをただストックするだけではなく、位置情報とリンクさせて、詳細な道路状況をマップに落とし込んでいる。どこに何車線の道路があって、信号や横断歩道はどこにあって、という一般的な道路マップをはるかに超えて、センターラインの形状や車線の幅、歩道までの距離、段差・ガードレールの有無など、安全運転に不可欠となるマップが随時更新されているのだ（［図5－7］参照）。

モービルアイのセンサーを搭載した自動運転車が増え、累積の走行距離が増えるほど、そのエリアでは高精細なマップができる。このマップがあるのとないのでは、安全性に大きな差が出るだろう。

だが、同じことをあとから真似しようとしても、同水準のマップをつくるには時間がかかる。ならば、最初からモービルアイのマップを利用したほうがいいと考える経営者は少なくないはずだ。

カリフォルニアならカリフォルニアの、日本なら日本のエリアマップがいちばん充実している会社と組んだほうが手っ取り早くその果実を取り入れられる。1台の車に何社もの車載カメラを同時に載せるというのは考えにくいから、どうせならNo.1企業と組んだほうがいい。

そんなわけで、シェアトップ企業の利用者がどんどん増えていくことになる。車載カメラというのは、物理的な希少ポイントなので、そこを押さえたものが強くなるのは、理にかなっている。

つまり、常時更新されるマップでいったん優位性を築くと、ますますそのマップを利用するユーザーが増え、マップの精度がさらに上がってUXが向上し続けるというループが回ることになる。ここまでくると、後発組が逆転することは相当困難だ。

車載カメラによる道路画像という独自データを収穫し続けることで、自前でAIの精度を上げるだけでなく、リアルタイムマップと連動させて、ライバルに対する強力な防護壁を築く。ダブルハーベストループを回し続けることで、モービルアイは確固たる地位を築いたのである。

［ケース③］フェイブのダブルハーベストループ

3つめのケースとして紹介するのは、CHAPTER 3（131ページ）にも登場したマレーシアやシンガポールで人気のペイメントアプリ「フェイブ（Fave）」だ。フェイブがおもしろいのは、ループをすべて自前で用意するのではなく、他業種とアライアンスを結ぶことによって、ダブルハーベストループを回しているところである。

例によって、順を追ってダブルハーベストループのつくり方を見ていこう。

［図5-8］フェイブにおけるAI導入の「最終価値」

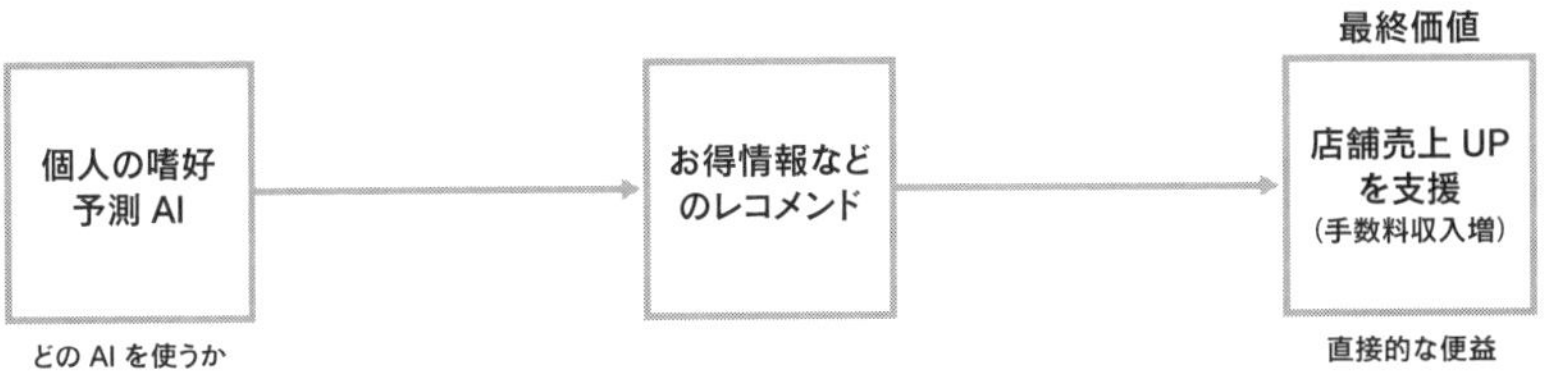

①「最終価値＝ＡＩを使うメリット」を見極める

フェイブは日本でいうとPayPayのようなQRコード決済サービスを展開している。クレジットカードがそれほど普及していない地域でも、リアル店舗にQRコードを設置しておくと、フェイブ経由で支払いができる。フェイブには、決済ごとに数％の手数料と、「誰がいつどこで何をいくら買ったか」という購買データが入ってくることになる（［図5－8］参照）。

そこでフェイブは、買い物や食事をしたユーザー1人ひとりの好みを把握して、パーソナライズされたレコメンデーションをタイミングよく送ることで、店舗の売上増加に貢献できる。

「この人はこういう商品を買いそうだ」と予測できれば、その人に向けて「いま10％オフのセール中でお買い得」というクーポンを配ることができるし、それによってお店の売上増加のアシストもできるだろう。お店で買う人が増えれば、それだけフェイブの手数料も増えるので、フェイブと店舗はWin-Winの関係だ。

[図5-9]競争優位を築くシングルライン(フェイブの場合)

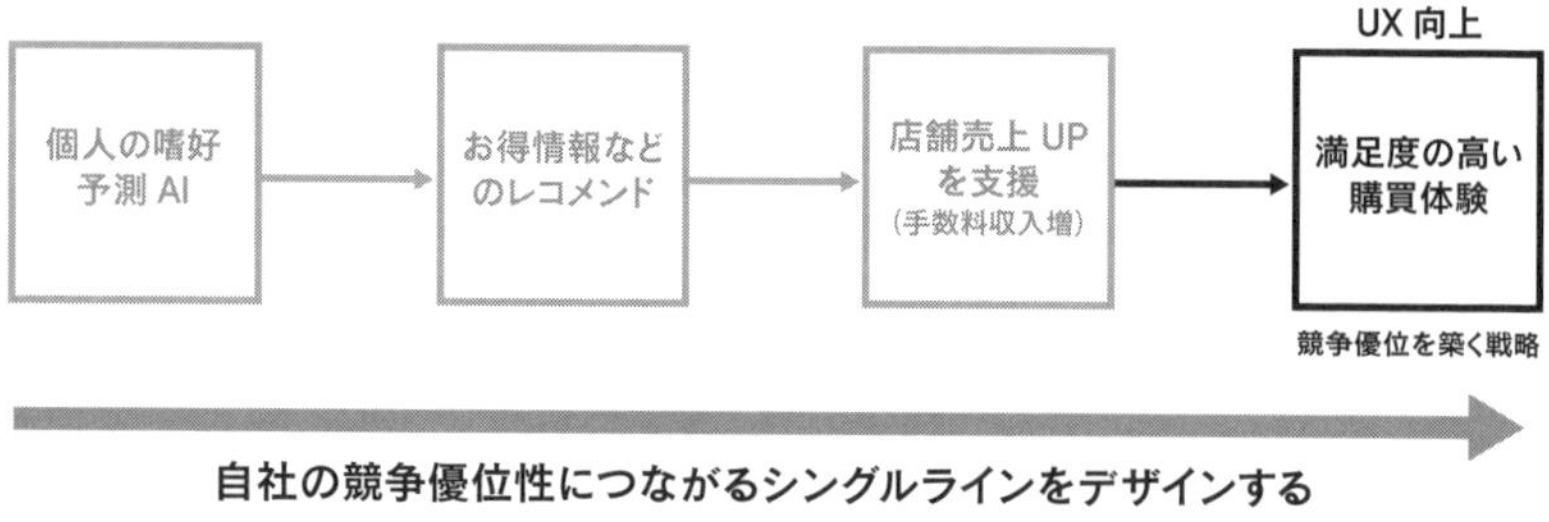

②戦略へのアップグレード

自分の好みを反映して、適切なタイミングで最適なクーポンをくれるサービスがあったら、人はそのサービスへの依存度を高めていく。ユーザーの満足度は上がり、利用者も増えるだろう。優れたレコメンデーションや顧客エンゲージメントは、競争優位を築く基本戦略の1つである(「図5-9」参照)。

③ループ構造をつくって競争優位を持続させる

個人の購買データをAIに食べさせれば、より細かい好みがわかるようになって、レコメンデーションの的中率が上がる。さらに、ロケーションデータ(位置情報)と組み合わせれば、どんな好みのユーザーがどのお店に集まっているかも見えてくる。

すると、たくさんの母集団のなかから、この人たちはこういうものが好きなはず、というモデリングの解像度も上がる。それによって、パーソナライゼーションの精度がさらに上がって、ユーザーのほしかったものをピンポイントで紹介できるようになるかもしれない。

[図5-10]ハーベストループを構築する(フェイブの場合)

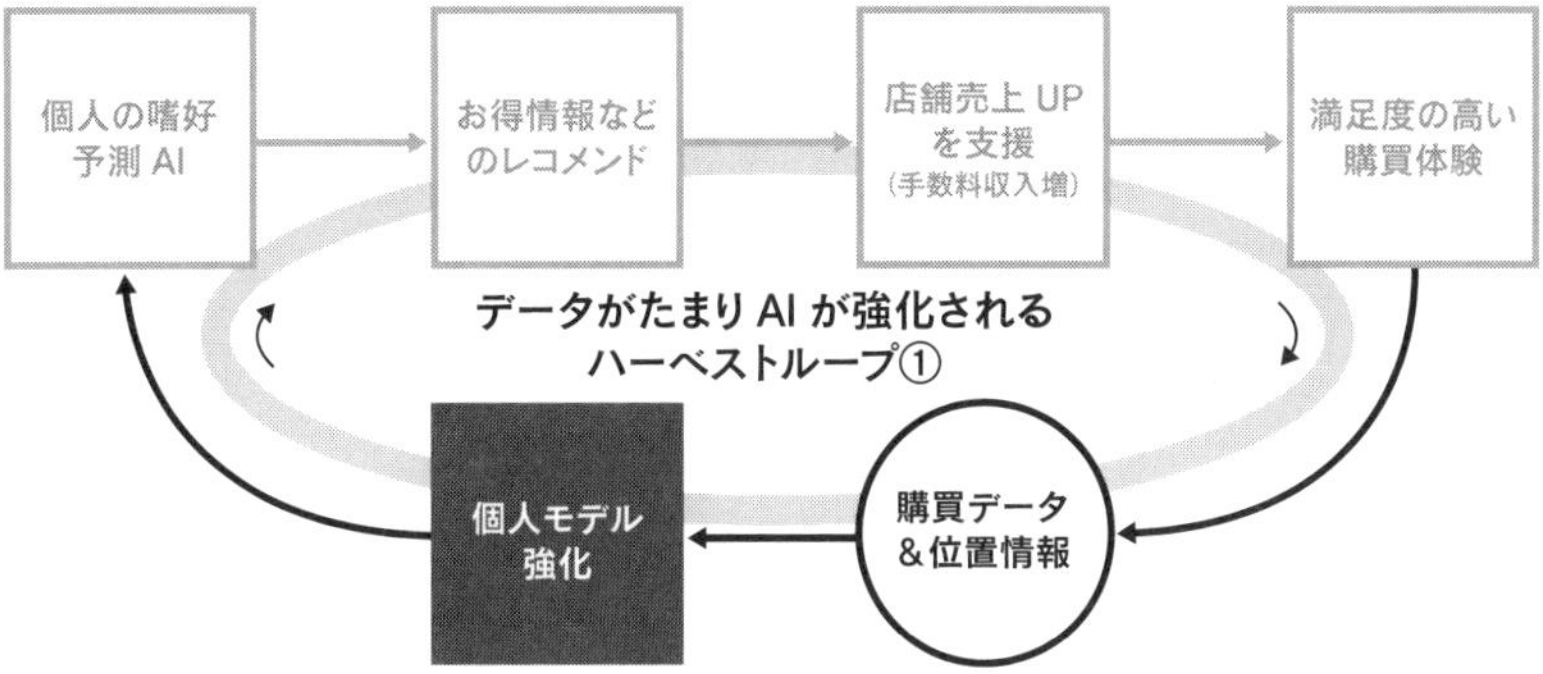

フェイブを経由するトランザクション(取引量)が増えるほど、大量のデータを食べることでＡＩが強化されるハーベストループが回る。その結果、ユーザーの満足度は上がり、また使ってくれるようになるし、利用者が増えることも期待できる(［図５－10］参照)。

④もう1つの最終価値を見極める

ここまで1つめのループが回り出すが、決済というきわめて貴重な「お金の出入り口」の情報を握ったフェイブには、もう１つ、別の狙いがあった。

「誰がいつどこで何をいくら買ったか」という購買データのうち、お店に関する部分に着目すると、どの店がいま人気なのか、売上はいくらで伸び率はどれくらいなのか、リピート率がどれくらいで、新規顧客は何割なのかが手にとるようにわかる。すると、その店の実力を点数化して、店舗ごとの「格付け」や「信用スコア」をつくれるようになるわけだ。

［図5-11］AI導入の「もう1つの最終価値」（フェイブの場合）

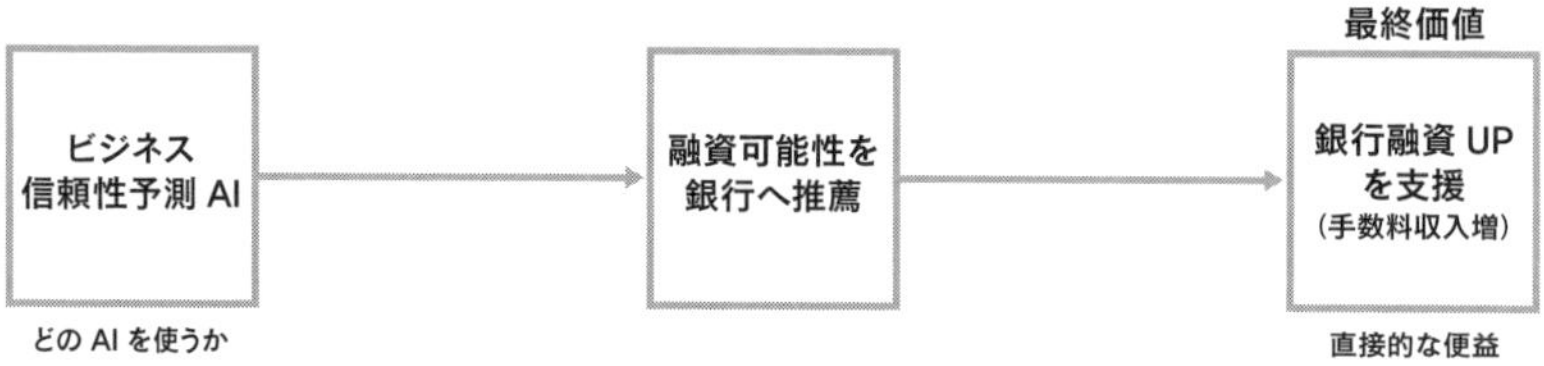

このお店の信用スコアは、日々の取引実績に基づいて算出され、随時更新されるものなので、月次決算や四半期決算のようなロングスパンの数字よりもずっときめが細かい。なおかつ、外部のステークホルダー向けに加工された「行儀のいい数字」ではないために、店ごとの真の実力を知るにはうってつけのものとなる。

こうした信用情報は、通常なら外部からは窺い知れない数字なので、きわめて価値が高いはずだ。しかし、金融機関や信用調査会社以外の一般事業会社が、信用情報を直接お金（自社の売上）に換えるにはひと工夫いる。フェイブの場合は、銀行と手を組むことにした。

同社には、このレストランやショップは調子がいいという情報が集まっている。勢いのあるレストランやショップには、2号店を出店したり、新たな商品を仕入れたりするために、旺盛な資金需要がある。そこで、フェイブは銀行にそのレストランやショップを紹介して、融資をすすめるのだ（［図5－11］参照）。

銀行にしてみれば、もともと貸し倒れリスクの低い優良な融資先を紹介してもらえれば、審査にかかるコストをあまり負担せずに、融資を拡大することが

［図5-12］もう1つのシングルライン（フェイブの場合）

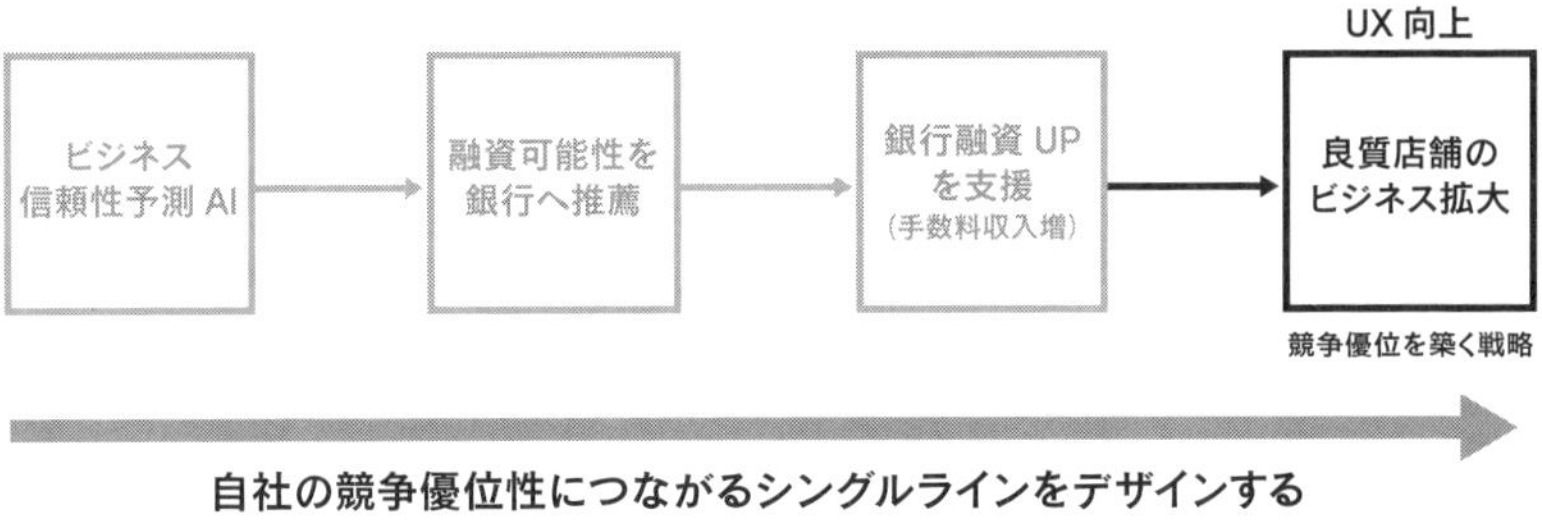

できる。一方、ベンチャーのフェイブには、直接リスクをとって優良顧客に融資するだけの体力はなかった。そこで、銀行とパートナーシップを組んで、彼らが受け取る利子の一部をレベニューシェアするスキームを完成させたところに、彼らの卓見があったのだ。

⑤もう1つの戦略へのアップグレード

金融があまり発達していない地域では、銀行は個人店舗などにはなかなか融資してくれない。融資したくても（審査能力が足りずに）できないか、融資するにしても金利が高すぎて使い勝手がよくないのだ。

だから、フェイブによる仲介は、店舗にとっても銀行にとっても、メリットが大きい。貸し倒れリスクが低いとわかっていれば、低金利でも融資できるからだ。お店にとっても、フェイブを使うと借金しやすくなる（低金利で借りられる）し、そのお金でビジネスが拡大すれば、フェイブをもっと利用するようになる。それは、ほかのペイメントアプリを使わない理由にもなるだろう。店舗にとっての利便性が上がれば、こちらの面でも競争優位となる（［図5－12］参照）。

[図5-13]フェイブの第2のハーベストループ

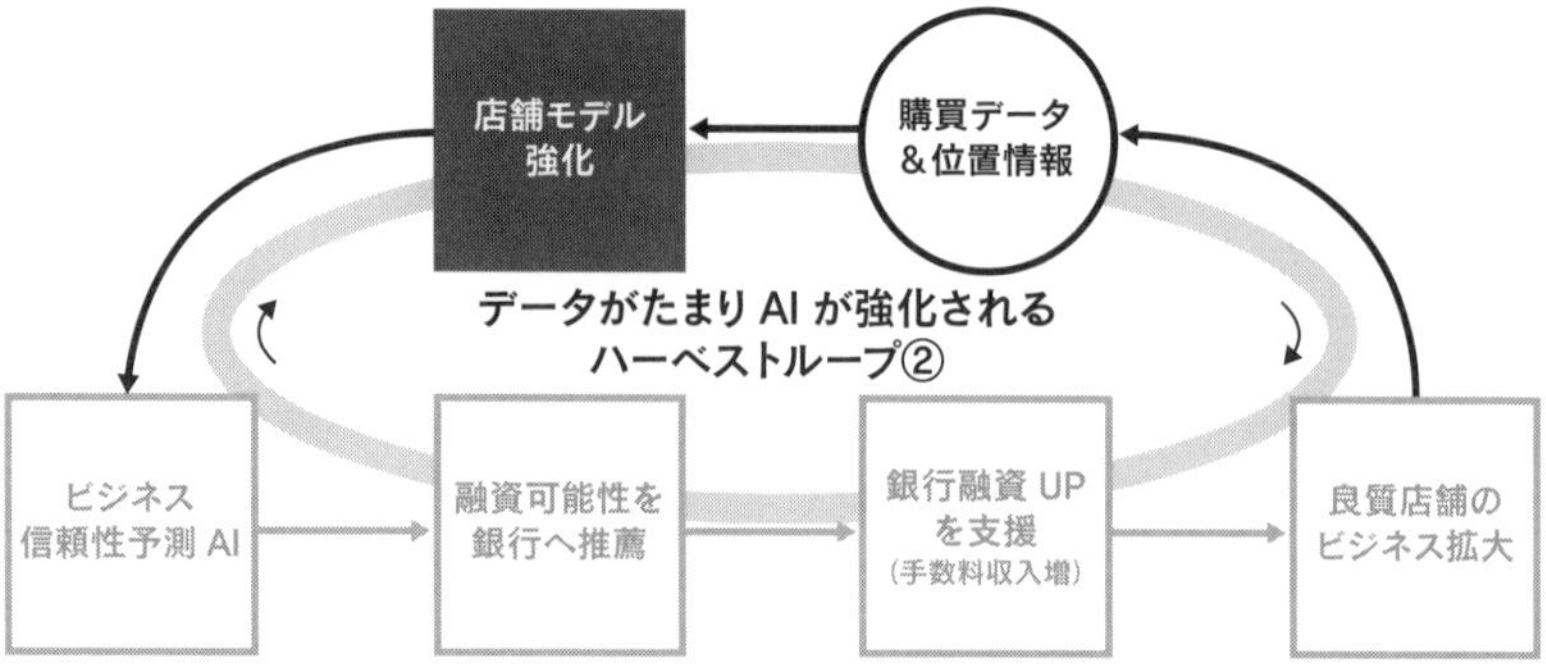

⑥もう1つのループ構造をつくって競争優位を持続する

お店の信用スコアによって、お金を借りやすい環境をつくり、店舗ビジネスを支援する仕組みでも、ループ構造をつくることによって、どんどん強化できる。店舗数が増え、取引量も増えれば、それだけ信用スコアの精度が上がり、さらにきめ細かな支援が可能になるし、手数料収入も増える(［図5－13］参照)。

⑦ダブルループ構造をつくって他社を圧倒する

この2つのハーベストループを合わせたのが、192ページの［図5－14］だ。同じデータから個人向けと店舗向けの2つのAIを強化することで、ダブルハーベストループを回している。

このダブルハーベストループでおもしろいのは、フェイブ単体だと上段のループしか実現できないという点である。

ダブルループにするには、銀行と組む必要がある。フェイブからすると、アライアンスによってはじめて競争優位を築くことができたわけで、銀行のほうが立場が強いと感じる人がいるかもしれない。とくに創業まもないベンチャーにとっては、銀行との力関係で不利な状況に追い込まれるケースがないとも限らない。

しかし、実際には、アライアンス先を選んでいるのは銀行ではない。アライアンスの要となる店舗の信用スコアのデータを握っているのはフェイブだからだ。フェイブにとっては、どの銀行と組んでもかまわない。だが、銀行は同社と組めなければ、似たような情報をためている別の会社を探すしかない。

フェイブは、銀行の資金力と融資のノウハウを借りながら、自社固有のデータを蓄積している。ループを回してどんどん強くなっていくのは、フェイブのほうなのだ。その結果、銀行との力関係も相対的に変化していけば、やがてレベニューシェアの比率を再交渉したり、別の銀行に乗り換えたりする事態も起きるかもしれない。

ただし銀行の側も、ベンチャーがもっているデータを使うだけで融資業務をブーストできているわけで、Win-Winのアライアンスになっていることは間違いない。銀行自体にノウハウはたまらないにしても、先にフェイブと組んだ銀行が、他行に先んじて融資残高を増やして勝ち残るという未来は十分あり得るのだ。

[図5-14]フェイブのダブルハーベストループ

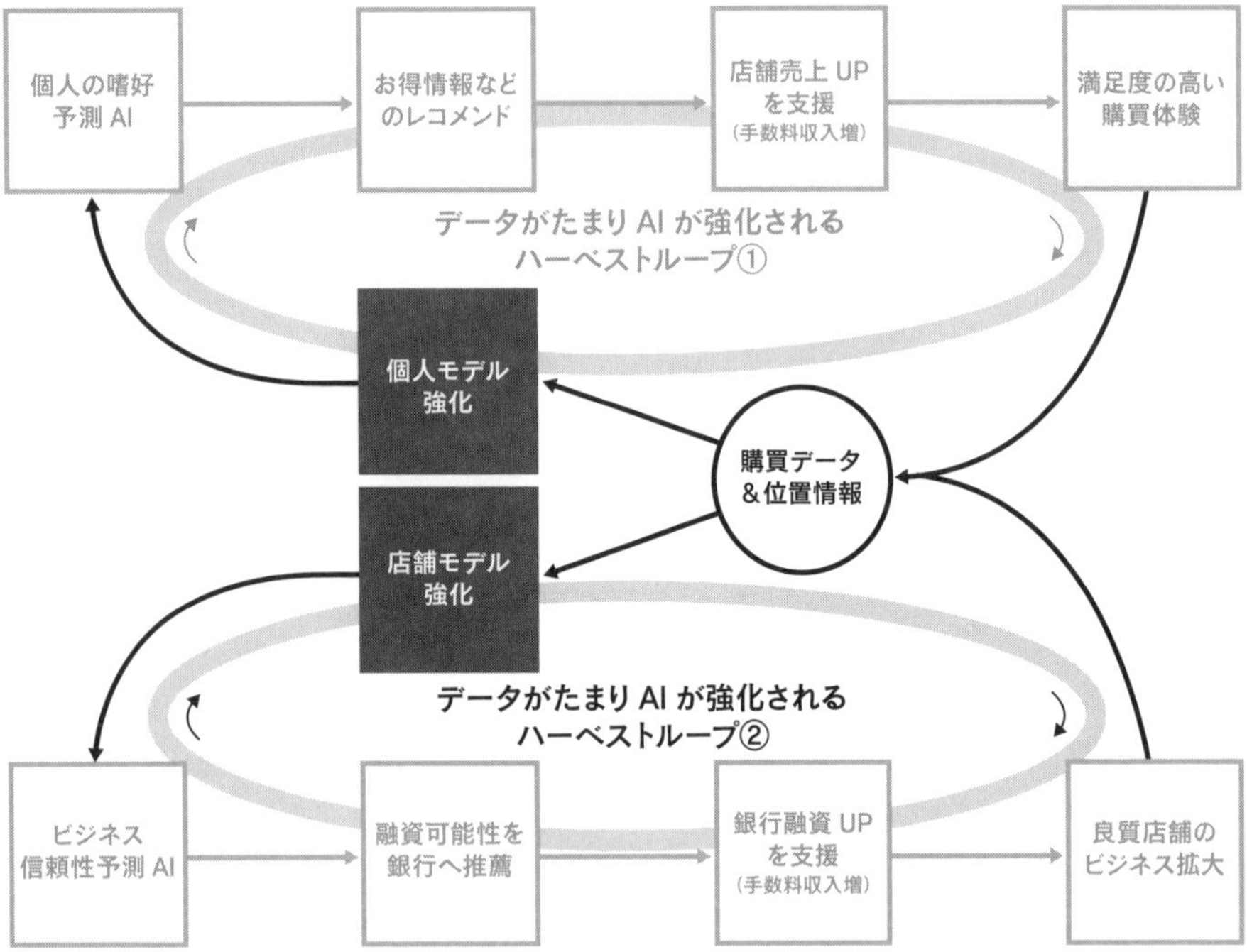

2方面作戦を成功に導くダブルハーベストループ

ペイメントアプリのフェイブは、お金を払う個人とお金を使ってもらう店舗の両方でユーザーを増やせなければ、最終的には生き残れない。この2つのユーザーを同時に増やすやり方として、よく知られるのが「**相互ネットワーク効果**」だ。

アマゾンのループ構造のところでも言及したが（28ページ）、相互ネットワーク効果とは、買い手がたくさんいるところに売り手が集まり、売り手がたくさんいるところに買い手も集まるというサイクルを指す。顧客がたくさんいれば、商品を売りやすくなるし、希少な品なら高くても買ってくれる人がいるはずだ。

一方、顧客の立場では、売り手がたくさんいたほうが商品を選べるし、同じ商品ならより安いものを選んで買うこともできる。人がたくさんいてにぎやかなところほど商売が盛んになるが、閑散としたところでは商売も成り立たないというのは、ある意味、当たり前のことである。

ところが、この相互ネットワーク効果だけでは、長期的な勝利はおぼつかないことがわかってきた。東南アジアではここ数年、配車アプリの「グラブ（Grab）」と「ゴジェック（Gojek）」が激しい消耗戦を繰り広げてきた。

この分野の先駆者だった「ウーバー（Uber）」を東南アジア市場から撤退させたほどの熾烈なシェア争い

が続いたのは、利用者がドライバーを呼び、ドライバーが利用者を呼ぶ相互ネットワーク効果では、一点突破の猛攻に抗しきれないからだ。

その国でいちばんおいしいエリア、利用者が多い大都市圏でNo.1のシェアを握っていたとしても、後発サービスが物量作戦で巨額の資金を投入してプロモーションをかければ、ひっくり返せてしまうのだ。結局、体力のあるほうしか生き残れないわけだが、グラブとゴジェックのガチンコ対決は長引いて、両社とも激しく消耗したために、合併という名の休戦協定が結ばれるのではないかという観測も出ている。[*6]

フェイブがうまかったのは、単純な相互ネットワーク効果に頼らなかったことだ。ユーザーを増やすことだけを目的としていれば、割引クーポンを乱発して「一見《いちげん》さん」をかき集めるだけで十分だったはずだ。しかし、むやみにクーポンを出すと、お店の利益を圧迫してしまう。しかも、そうやって集めた顧客の大半は、安いから買ってくれただけで、クーポンがなければ見向きもしない人たちかもしれない。それでは、店舗からの支持は得られない。

そこでフェイブでは、きちんとリピートしてくれる顧客に対して、効果的なタイミングでクーポンを出すことにAIを利用している。「一見さん」よりも「常連さん＝お店のファン」を増やすことを狙っているのだ。いいクーポンは、常連さんにとってもうれしいし、お店にとってもうれしい。クーポンの利用が増えてAIがかしこくなれば、もっと使い勝手のいいクーポンが出せるようになる。この1つめのループは、顧客（と店舗）を囲い込むための防御壁の役割を果たす。

顧客のループが回るようになれば、どの店がどれくらい儲かっているか、これからどれくらい伸びそうかというモデリングもできるようになる。それが［図5－14］下段の店舗モデルのループで、フェイブとつき合えば、銀行から低金利でお金が借りられるということがわかってくると、さらにいい店舗がフェイブに集まってくる。いいお店が多ければ、ユーザーにとってもうれしいわけで、この2つめのループも、店舗（と顧客）を囲い込むための防御壁の役割を果たすのだ。

［注］

6　ブルームバーグ「グラブとゴジェック、統合合意に向けた条件で前進――関係者」2020／12／2

Column

データを複数つなげれば無敵になる

自社しかもてないリンクデータ

自社固有のユニークなデータとは何か

ハーベストループを回すときは、どんなデータをためればいいのかというのが中心的な議論になる。誰でもためられるようなデータでは、他社と差別化できず、戦略上の価値はあまりない。そこで、ここでは「データをためるときのコツ」を紹介していこう。

では、どんなデータなら、ユニークといえるのか。他社に真似されにくいデータ、自社にしかためられないデータとはどんなものだろうか。この問いかけがすべての出発点となる。

結論からいうと、データを単独で持っていても、じつは、たいした効果は期待できない。そうではなく、いくつものデータをお互いにリンクさせることで、他社にはない、ユニークなデータが手に入るのだ。

たとえば、オンライン英会話サービスを提供する企業があるとしよう。

そのようなビジネスを展開している場合、おそらく授業のあとに毎回簡単なアンケートに答えてもらえば、顧客満足度のデータは簡単にとることができる。しかし、それだけでは、講師の評価には使えるかもしれないが十分ではない。たとえば、レッスンの様子をすべて録画するようにすれば、何が起こるだろうか？　生徒の表情データを元にすれば、顧客の感情分析ができる。

とはいえ、これだけでもまだ、「その企業だけのユニークなデータ」とはいえないかもしれない。表情データそのものは、Kaggle《カグル》（208ページ）などを探せば、オンライン上にたくさん見つかるからだ。

複数のデータをつなげればユニークネスが生まれる

しかしここで、顧客満足度と表情データをリンクしたとすると、どうだろうか。この表情のときには満足していて、この表情のときには満足していないということが関連づけてデータ化される。このデータはオンライン上に転がってはいないし、他社には取れないデータである。

さらに、生徒の学習の進捗データともリンクさせてみよう。すると、満足度は高くても、学習進度は遅く、悩んだ顔をしている、といったことがわかってくる。学習進捗データと表情データと満足度データの3つをかけ合わせると、いろいろなことがわかるのだ。

しかも、進捗データがあれば、パーソナルラーニング（学習状況に合わせた個別指導）の領域に入ってくる。1人ひとりの個性に合わせたパーソナライゼーションは、差別化戦略の王道の1つだ。

それだけではない。さらに講師の表情データ、声のトーンのデータなども合わせれば、講師サイドのクオリティ向上やトレーニングにも役立てることができる。生徒のUXが向上し、講師のスキルもアップする。ダブルで効いてくるから、非常に強力なループとなる。

複数のデータをリンクさせればさせるほど、それを1つにまとめてもっている人がほかにいる可能性はゼロに近づく。そのデータも、生徒や講師個人のIDと紐づいているから、その価値は右肩

［図5-15］データの「ユニークネス」は「リンク」から生まれる

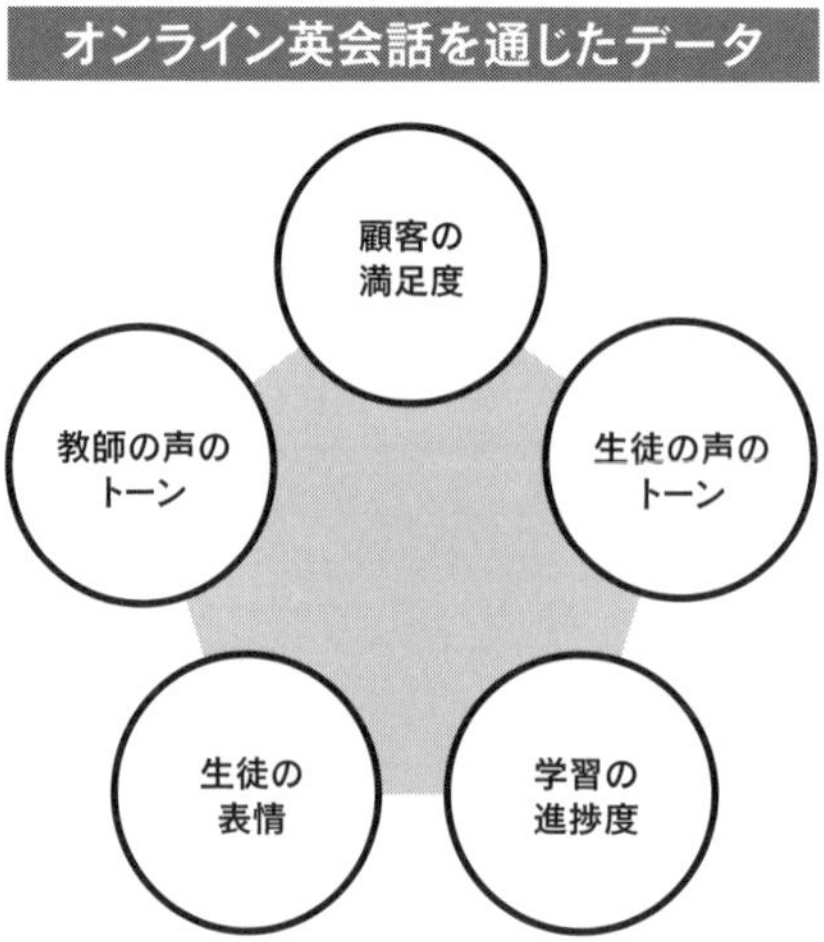

上がりで増えていく（163ページのColumn参照）。

このように、データとデータをリンクさせるというのが最大のポイントだ。単独ではたいした価値を生まないデータでも、複数集めてつなげれば、思わぬ価値を生み出す可能性がある。データは王様ではなくなったが、**リンクデータ**には大きな価値があるのだ。

とりあえず全部録画からスタートしてもOK

このリンクデータのいいところは、CHAPTER 4（154ページ）で述べたように、リンクさせるデータの多くは非構造化データなので、とりあえず全部録画・録音しておいて、タイムスタンプだけそろえておけばいいという点だ。あとからボイストーンに注目してみようと思えば、過去にさかのぼってボイストーンを抽出することもできる。

ダブルハーベストループによって最終的に競争優位になりたいのなら、ひとまず全データをとっておいて、それらをうまくつなげていくという発想に立つべきだ。モービルアイのダブルハーベストループ（182ページ）でも、道の画像と位置情報がリンクしてあるから強いのだ。もちろん、2つだけではなく、大量のメタデータにもリンクが貼ってあって、そのリンクがたくさん重なるほど、そのデータを他社が真似するのは不可能になる。

Chapter 6 ハーベストストーリーを実装する
AIプロジェクトマネジメントの考え方

すべて自社開発する必要はない

CHAPTER 2からCHAPTER 5にかけて、ダブルハーベストループを回すというのはどういうことか、どういう設計図を描いてストーリーを組み立てていけばいいのかを説明してきた。

ＡＩ戦略として、自分たちなりのハーベストストーリーが描けたら、次はいよいよそれを実装する番だ。

とはいえ、最初からすべてを自前で用意しなければ、と思い込む必要はない。とくに社内のリソースが限られるベンチャーや中小企業の場合、自社で一から全部つくり込むのは、現実的とはいえない。

読者のなかにも、会社からＡＩプロジェクトの担当に指名されて、いろいろ勉強したものの、さて実装となると、どこから手をつければいいか、途方に暮れてしまうという人もいるかもしれない。

そこで重要なパートナーとして登場するのが、ＡＩを専業でやっているようなソフトウェアベンダーである。

専門家と手を組むことで、自社で足りない能力やリソースを補い、いち早くハーベストループを回し始めることが真の狙いだ。自社開発で数年じっくり時間をかけるよりも、他社と協業して1年未満でリリースまでこぎ着けるほうが、この場合は得策といえるからだ。

人員的にも能力的にも内製できるはずの大企業でも、こと開発スピードとなると、外部のAIベンチャーにはかなわないというケースは少なくない。それならば、いっそのこと最初から外部の手を借りるというのも重要な選択肢に入ってくる。日進月歩のこの世界で、スピードに勝る武器はないからだ。

ただし、たとえ社内にAIのエキスパートがいないとしても、ベンダーに「丸投げ」するだけでは、たいていうまくいかない。

「餅は餅屋」でプロの手に委ねるのは間違いではないが、どんな餅をいつまでに何個つくってどう売るかを決めるのは、あくまで資金の出し手である自分たちの責任だ。そこで、どの部分を自社で握って、どこから外部のパートナーに任せるか、その線引きが重要になってくる。

ハーベストループを実装する9ステップ

次ページの［図6－1］は、AIを実装してハーベストループを回すまでの実務の流れを9つのステップに分けたものだ。

以下、この図の順番にしたがって各項目を説明していく。

[図6-1]ハーベストループ実装に向けた9ステップ

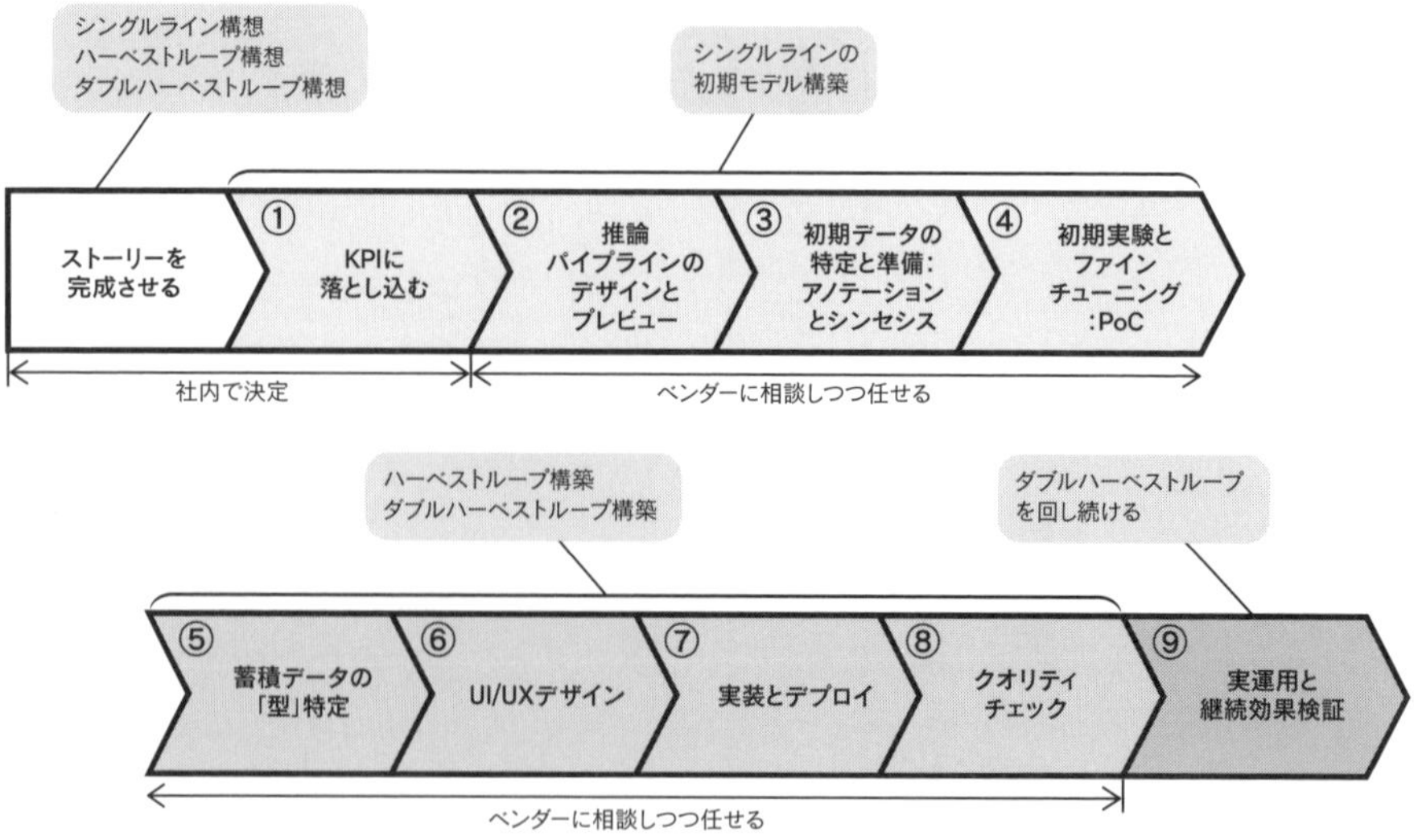
シングルライン構想
ハーベストループ構想
ダブルハーベストループ構想
シングルラインの
初期モデル構築
ストーリーを
完成させる
① KPIに
落とし込む
② 推論
パイプラインの
デザインと
プレビュー
③ 初期データの
特定と準備：
アノテーション
とシンセシス
④ 初期実験と
ファイン
チューニング
：PoC
社内で決定
ベンダーに相談しつつ任せる
ハーベストループ構築
ダブルハーベストループ構築
ダブルハーベストループ
を回し続ける
⑤ 蓄積データの
「型」特定
⑥ UI/UXデザイン
⑦ 実装とデプロイ
⑧ クオリティ
チェック
⑨ 実運用と
継続効果検証
ベンダーに相談しつつ任せる

[ステップ①]KPIに落とし込む

スタート地点の「ストーリーを完成させる」というのは、これまで見てきたように、自社なりのダブルハーベストループの姿を具体的に想像することだ。

しかし、ループ図がうまく描けたとしても、それだけでは抽象的な議論に終始してしまうので、具体的な目標を設定する必要がある。それがステップ①の「KPI(重要業績評価指標)に落とし込む」に当たる。

たとえば、データを育てて収穫するループを回すまでには、ある程度の投資が必要だとしても、無限にコストをかけ続けることはできない。投資金額に対してどれくらい収益を上げるかというROI(投資収益率)は、無視できないKPIとなる。

わかりやすい例として、外部のBPO(ビジネスプロセスアウトソーシング)会社に外注していたデータ入力作業をRPAで自動化するケースを考えてみよう。

BPO会社のデータ入力要員に支払う給料が仮に年300万円だったとして、100人で入力していた作業を2割削減すれば、300万円×20人=6000万円の経費を削減できる。システムの実装費が5000万円だったら1年で回収できるし、1億円だとしても2年で元がとれる計算だ。

また、当初は2割削減を目指すとして、RPAの精度が上がっていけば、6、7割削減も視野に入ってくる。そうすると、いくらまでならかけられるか、段階に応じて投資できる金額も変わる。

逆に、いくらかけて、どのくらいのリターンが得られるのかという試算がなければ、そもそもＡＩプロジェクトに対する社内の了解が得られないだろう。

ＫＰＩはつねに重要な経営判断である。目標が明確なら、それを達成するためにチームが一丸となることができるが、せっかく総力を結集しても、最初の目標が間違っていたら、そうした努力はムダになってしまう。また、プロジェクトの成否を評価しようにも、そもそも基準が間違っていれば、正しく評価しようがない。


したがって、ＫＰＩを何にするかというのは、自分たちで決める必要がある。

つまり、ステップ①については、外部の専門家と相談するにしても、あくまで自社主導で決めるということだ（ただし、とくにＡＩの精度や納期について、最初からあまりきっちり決めすぎると、開発の自由度が失われ、プロジェクトそのものが頓挫してしまう恐れがある。その点については、後ほど改めて考える）。


裏返していえば、ここから先は、社外のベンダーにしろ、社内のエンジニアにしろ、プロの手を借りないと、なかなか厳しいものがある。

したがって、技術に明るくない人は、この先についてはざっくりと流れをつかんでもらうだけで十分だ。プロジェクトマネジメントするにしても、いまどの段階にあって、何をしているのかをしっかり把握するこ

［図6-2］手書きOCR読み取りの「推論パイプライン」

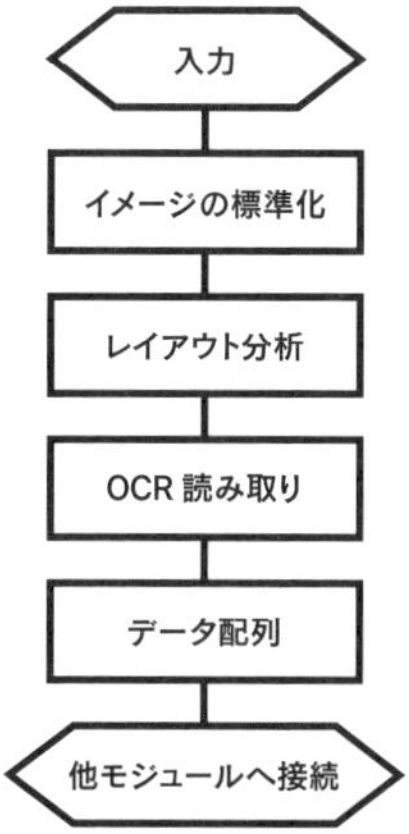

とが先決だ。

［ステップ②］推論パイプラインのデザインとプレビュー

推論パイプラインというのは、システムにデータを入力してから成果物（データ）を後工程へと送り出すまでの一連の処理をまとめたもので、数個のコンテナで表される。いくつかの単純な機能を組み合わせて、より複雑で高度な機能を実現するための仕組みと思ってもらえばいい。

60ページのColumnでも見た例だが、OCRで請求書の文字を認識するというシステムをつくる場合には、［図6－2］のように、入力されたデータがどのようなプロセスを経て、どのように整理（＝構造化）され、次のモジュールに流れていくのかという推論パイプラインをデザインする。パイプラインに入る前と出てきた後では、より使い勝手がいいようにデータの形が変わるわけだ。

まず、元データ（紙の書類をスキャンした画像データ）が斜めに傾いていたり、ズレていたりしたら、まずそれを正しい向きや位置に直す必要がある。次に、書類のレイアウトを分析して、表の左側に品名があって、右側に数量・ユニットプライス（単価）・総額があるといったことを把握する。そのうえで文字や数字をOCRで読み取り、読み取ったデータを「品名」「数量」「単価」「総額」などに分類して整理する。

この推論パイプラインは、たとえばアマゾンが提供する機械学習ツール「Amazon SageMaker《アマゾン・セージメーカー》」など、さまざまなツールで実装することができる。SageMakerは便利なツールだが、プログラミングやAIの知識がない人が使うにはハードルが高い。やはり専門家の手に委ねたほうが賢明だ。

［ステップ③］初期データの特定と準備――アノテーションとシンセシス

推論パイプラインをデザインしたら、次にAIに学習させる元データ、つまりOCRならドキュメントデータ、画像認識なら画像データをどこかから持ってこなければいけない。

結論からいうと、「Kaggle」というサイト（https://www.kaggle.com/）など、インターネット上には、すでに学習用にメタデータが付与された各種のトレーニングデータが公開されていることが多い。

Kaggleでは、ドキュメント認識、画像認識、音声認識、定型文書のレイアウト分析など、さまざまな課題について、機械学習の精度を競うコンペティションをやっている。コンペ用のトレーニングデータも用意されているので、Kaggleを見て回るだけで、自分たちに合ったデータセットを見つけられるかもしれない。

Kaggleで適当なデータが見つからなかったときは、自分たちでデータを用意する必要がある。たとえば、日本語のドキュメントデータはKaggleでは手に入らないので、手書き文書の文字列を入力して学習用の教師データをつくるというアノテーション作業が発生する。だが、これをすべて自前でやる必要はなく、クラウドソーシングを使って入力作業を代行してもらうという手もある。

しかし、アノテーションに専門性が求められる場合は、クラウドソーシングするのは難しいかもしれない。たとえば、工場設備の異音を感知してアラートを発するAIをつくりたかったら、データを集めるところからタグ付けするところまで、自分たち（ベンダーを含む）でやったほうが早いだろう。

トレーニング用のデータを十分用意できないケースもある。その場合は、すでにあるデータから別のデータを生成してデータ量を増やす必要がある。この作業を**シンセシス**と呼ぶ。

たとえば、ビルや橋、トンネルなどの構造物のひび割れを検知するAIを鍛えるといっても、ひび割れの画像データはそこまで大量にないかもしれない。その場合、AIが人工的に画像を生成するGAN（敵対的生成ネットワーク）を使うことが考えられる。

110ページのColumnでも見たとおり、GANというのは、新しい画像を生成するAIと、その画像が本物かどうかを見極めるAIを競わせることで、画像の精度を上げていく仕組みで、これを使えば、いかにも本物っぽいフェイク画像を大量につくれるようになる。人をダマすためにフェイク画像やフェイク動画を悪用するのは問題だが、ＡＩが学習するためのデータをＡＩがつくる分には何の問題もないはずだ。

あるいは、もっと単純に、普通の壁面の画像に描画ソフトでそれらしいひび割れを描いてしまうという手もある。非定型文書の読み取りについても、オペレーターにあえて意味不明のフォーマットの文書を１００枚くらいつくらせて、そこから膨らませていくというやり方もある。

この種のデータ系の下準備を、ＡＩ専業のベンダーはたいてい裏で泥臭くやっている。そのための専門部隊をもっている会社もあるくらいだ。それもあって、ベンダーの力を借りたほうが、結果として早く実装できることが多いのだ。

［ステップ④］初期実験とファインチューニング

ステップ①で定めた目標ＲＯＩを達成するには、ある程度の精度が求められる。

たとえば、データ入力要員を2割削減するには、80～90％くらいの精度がいるかもしれない。そこで、本当にそれだけの精度が出るのか、システム実装前にアルゴリズムだけつくって試してみる必要がある。システム開発の世界で「**ＰｏＣ（Proof of Concept：概念実証）**」と呼ばれる段階で、あるアイデアなりアルゴリズムなりが想定どおりに動くのか、デモンストレーションによって実現可能性を見極めるのだ。

といっても、最初はせいぜい30％くらいの精度しか出ないかもしれない。そこで何をすれば精度が上がるか、何度かループを回しながらファインチューニング（微調整）していく。見込みどおり精度が上がれば、実装プロセスに進めばいいが、どうやっても目標数値に到達しそうにないときは、プロジェクトそのものが打ち切りになることもある。それを見極めるのが、このステップだ。

ここまでで初期モデルが完成する。ダブルハーベストループの図でいう「シングルライン」に当たる部分だ。

［ステップ⑤］蓄積データの「型」特定

ハーベストループを回してどういう種類のデータを蓄積していくかは、ストーリーを定義したときにイメージできているはずだ。

たとえば、CHAPTER 5に出てきたモービルアイのダブルハーベストループでは、路上の画像データと位置情報を取得している（182ページ参照）。

このとき、ただ漫然と画像データを集めているだけでは、どこかのフォルダにひたすら画像がたまっていくだけで、「データはあるけど使えない」状態になってしまう。撮影時刻（いつ）と撮影ポイント（どこで）がわかるだけではダメで、「どの車種の車が」「どういう天気／明るさのときに」「時速何キロで」「道路のどちら側を」走っているときの画像なのかがわからなければ、あとでビッグデータ解析することができない。

そこで、解析に必要なメタ情報を全部書き出して、あらかじめ定義しておく必要がある。あとから「こんな情報も必要だった」と追加すると、それまで取得したデータがムダになってしまう恐れがあるため、どんなデータを取得するか、仕込み段階で戦略的に「型」を決めておく。それを検証するのがこのステップだ。

データの型を細かく決めておくことで、いわゆる「**コールドスタート問題**」を最小限に抑える効果もある。ステップ④まででＡＩモデルはできたとはいえ、最初はたいした価値は生まない。しばらく回してみてはじめて価値が出てくるのだが、それまでは低空飛行を続けることになる。これがコールドスタート問題で、価値が出るまでに時間がかかりすぎると、プロジェクトそのものが瓦解しかねない。そのため、すみやかに価値が出るように、データの型を決めておくのだ。

【ステップ⑥】ＵＩ／ＵＸデザイン

ステップ⑤まででＡＩモデルを回す準備は整ったが、人間の使い勝手を左右するＵＩ（ユーザーインターフェース）やＵＸ（ユーザー体験）の領域はまだ手つかずで残されている。

モービルアイのように、ほとんど人手を介さずにループが回るケースは別として、ヒューマン・イン・ザ・

ループやエキスパート・イン・ザ・ループ型のＡＩの場合、管理画面の出来・不出来はアウトプットの質に直結する。

たとえば、弁護士による契約書レビューにおいて、ＡＩのミスを人間が見つけたら、その場で修正して正しいものに置き換えなければいけない（それがＡＩ学習用の教師データとなる）。このとき、ページをめくる、修正範囲を特定する、修正内容を書き込むといった操作が煩雑で、直感的にわかりにくかったりすると、作業効率はどんどん落ちていく。人間の負担を減らすためにＡＩを導入したはずなのに、別のところで人間の手を煩わせるのでは本末転倒だ。だから、ＵＩ／ＵＸデザインをおろそかにすることはできないのだ。

むしろ、ＡＩの精度が低くても、管理画面が洗練されていて、人間がストレスなく使うことができれば、教師データはどんどんたまっていく。そうすると、学習によってＡＩが賢くなっていくことが期待できるわけで、使い勝手のいいＵＩ／ＵＸデザインというのは、それだけ価値があるということだ。

【ステップ⑦】実装とデプロイ

ＡＩモデルが完成し、蓄積するデータの型も決まり、ＵＩ／ＵＸデザインも決まれば、システムの定義は終わり、いよいよ実装段階に入る。デプロイというのはソフトウェアを本番用サーバーに置くことだ。

ＡＩモデルはそこそこ容量も大きいので、サーバーに置いておしまいではなく、細かな設定が必要となる。このあたりの技術的な話は専門家に任せておけばいいだろう。

［ステップ⑧］クオリティチェック

実装できたら、期待どおりのクオリティが出ているか、検証作業が待っている。といっても、クオリティをどう定義し、どう評価するかというのは、なかなか悩ましい問題をはらんでいる。

たとえば、線画のイラストに自動で彩色するＡＩシステムがあったとして、どんな色でどんなふうに塗ればどんな評価に値するのかを一義的に決めるのは難しい。

そんなときは、ＡＩビジネスをする人には必須のレファレンスとなっている「**ＡＩプロダクト品質保証ガイドライン**」（http://www.qa4ai.jp/download/）を参考にするといいだろう。「ＱＡ４ＡＩコンソーシアム」という任意団体が公開しているガイドラインで、どうやってＡＩの品質を定義すればいいか、ケースごとに細かく規定してあるので、自社に合ったものをピックアップして利用する。

［ステップ⑨］実運用と継続効果検証

ここまでくれば実運用が始まる。運用しながら定期的にＫＰＩの達成度をモニタリングして、細かな改善を積み重ねていけばいい。

プロジェクトマネジャーが知っておくべきこと

ここまで実装の流れを見てきたが、こういう全体の構造を理解しておくと、プロジェクトマネジメントがしやすくなる。社内にＡＩの専門部隊がなかったとしても、このフローを理解している上司が１人と、現場で技術的な話ができる人間が数人いれば、外部の専門家の手を借りつつ、ＡＩプロジェクトを進めることは十分可能だ。

逆にいうと、このうちのどれが欠けても、プロジェクトはうまく離陸できないことになる。ベンダーのなかには、ＰｏＣならＰｏＣだけに特化した会社もあるが、デモではうまくいったはずのシステムが、実際には使い物にならないというケースも珍しくない。

また、ステップ②から⑤まではＡＩの知識が不可欠で、ステップ⑥以降はソフトウェアの知識がないと厳しい。それぞれ必要となる知見が異なるので、ベンダーごとの得意分野を見極めて、組む相手を選ぶ必要がある。いいかえれば、ＡＩプロジェクトの依頼のしかたと、通常のＳＩ（システムインテグレーション）の依頼のしかたは異なるので、頭を切り替えなければ、プロジェクトが頓挫しかねないのだ。

ＡＩとソフトウェアのプロジェクトマネジメントの違い

では、ＡＩと一般的なソフトウェアでは、どこが違うのか。

根本的な違いは**不確実性**にある。

銀行システムのような超巨大プロジェクトは別にして、たいていのソフトウェアプロジェクトは先の工程がだいたい読めるので、作業を細かなタスクにブレイクダウンした一覧表ＷＢＳ（Work Breakdown Structure）や、タスクの進捗がひと目でわかるガントチャートを使って進捗管理することになる。

たとえば、4月1日から3日までで初期モデルを完成し、あと2日でファインチューニングを行うなどと決めて、そのスケジュールに沿って作業を進めていく。ウォーターフォール型の開発が可能だったのは、ある程度の計画を決めることができるからでもある。

［図6-3］「不確実性」こそがAIプロジェクトマネジメントの本質

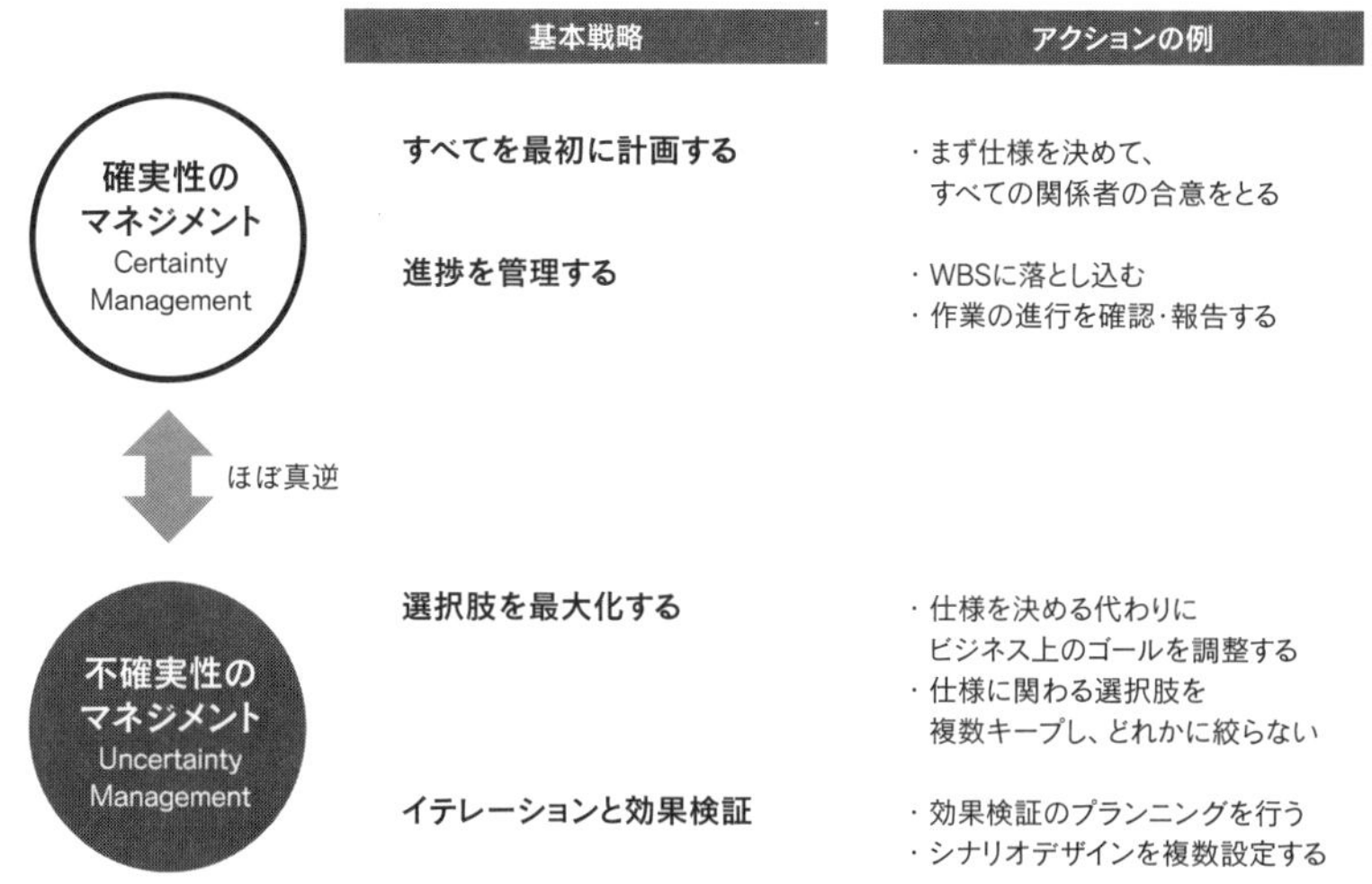

	基本戦略	アクションの例
確実性の マネジメント Certainty Management	すべてを最初に計画する	・まず仕様を決めて、 　すべての関係者の合意をとる
	進捗を管理する	・WBSに落とし込む ・作業の進行を確認・報告する
ほぼ真逆		
不確実性の マネジメント Uncertainty Management	選択肢を最大化する	・仕様を決める代わりに 　ビジネス上のゴールを調整する ・仕様に関わる選択肢を 　複数キープし、どれかに絞らない
	イテレーションと効果検証	・効果検証のプランニングを行う ・シナリオデザインを複数設定する

ところが、AIの場合は、初期実験に何日かかるか誰にもわからない。想定どおり動くかどうか、やってみなければわからないのに、3日でプロトタイプ（初期モデル）を完成しろ、5日で精度7割超えなければアウト、と期限だけ設定されても、現場は困ってしまうだろう。

AIプロジェクトではWBSをつくったとしても、ほとんど守られないという現実がある。それだけ不確実性が高いので、プロジェクトの最初にあまりかっちり仕様を決めすぎると、そこで上限が固定されてしまう恐れがある。

AIプロジェクトでは、最低《ミニマム》これくらいは満たしてほしいというラインとは別に、最大《マックス》ここまでいけたらいいよねと、オプションを最大化していくような発想が求められる。

試してみたら精度が7割の可能性もあるし、9割の可能性もあるわけで、7割のときはこういう管理画面ならカバーできるし、9割までいけば別のシステムもあり得るといった具合に、柔軟に考える必要がある。

よくありがちなのが、ステップ②〜⑤のAI部分と、ステップ⑥以降のソフトウェア部分のすれ違いだ。ステップ⑥で「エキスパート・イン・ザ・ループのシステムはこうなっているので、AIでは9割精度を出してもらわないと困る」といったコミュニケーションのしかたをしていると、あとになってから「それは無理です」ということになったりしかねないので、注意が必要だ。

AIの成長を見込んで柔軟な契約を結ぶ

AIプロジェクトが、ウォーターフォール型の開発に向かないのは、不確実性が高く、あらかじめきっちり決めてかかることができないからだが、仕様的な不確実性とは別に、技術的な不確実性もある。

つまり、仕様は確実に満たすけれども、技術的には不確実というのがマズいパターンで、［図6－4］の左上のドクロマークがそれに当たる。技術的に不確実なら、仕様も柔軟にしておいて、あとから交渉可能にしておく必要があるということだ。

たとえば、機械が読み込んだ1つの請求書に対して2人が別々にチェックして、両方とも同じ答えなら正解とみなす、というシステムがあったとして、まず2人のうちの1人をAIで置き換えて回してみる。

AIの精度が70％くらいなら、必ず同時に人のチェックが入るやり方がいいかもしれないが、精度が98％

［図6-4］AIプロジェクトで避けるべきパターンとは？

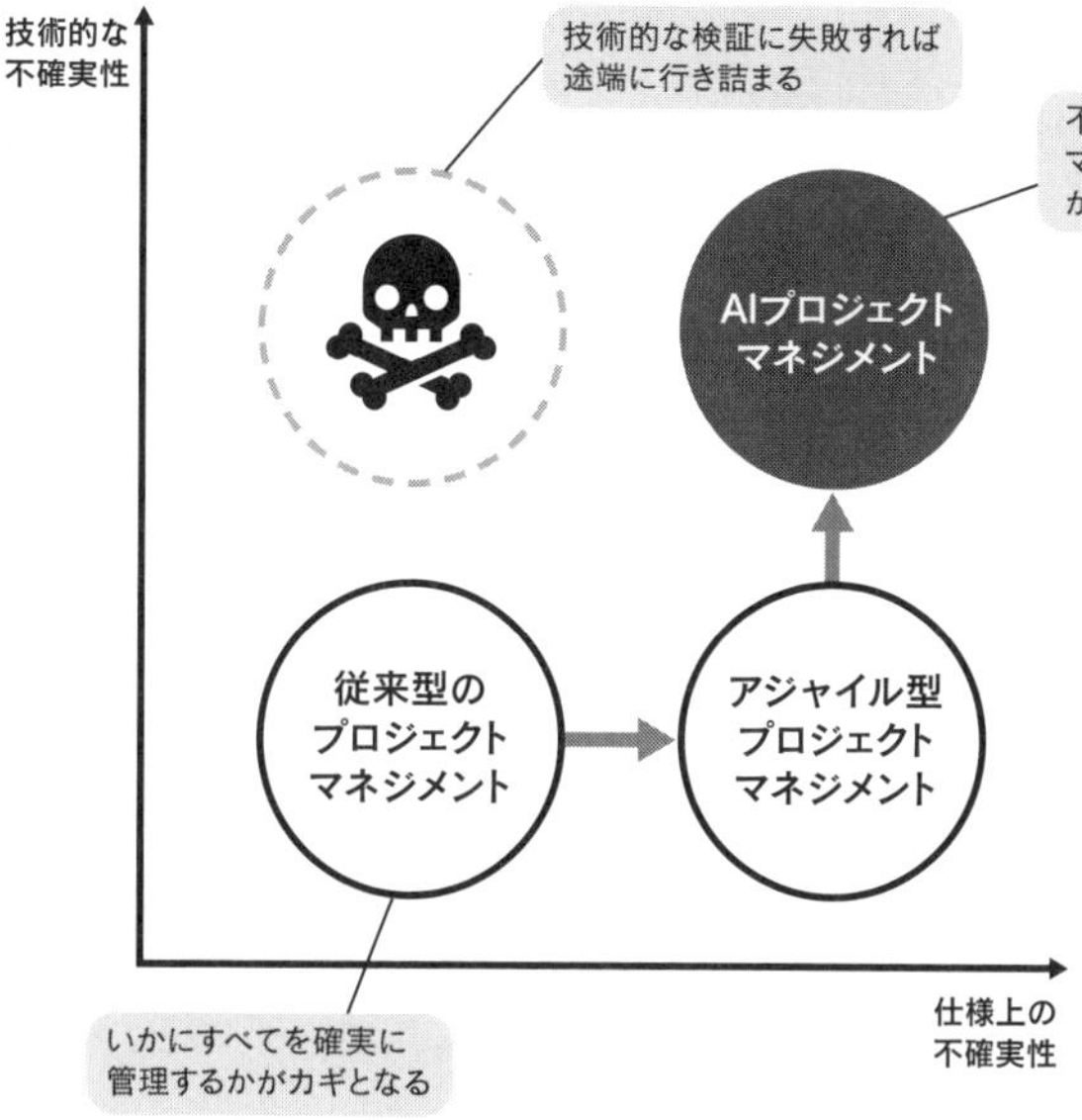
技術的な検証に失敗すれば途端に行き詰まる
不確実性をいかにマネジメントするかがカギとなる

くらいあったら、先にＡＩにチェックさせて、自信がないときだけ人に見てもらうという仕組みにしたほうが効率的だ。

このように、精度によって管理画面やビジネススキームのあり方も変わるという柔軟性を担保しておいたほうが、結果としてうまくいきやすい。そうした実態を知らずに、従来型のシステム開発と同じく、プロジェクトの契約時に仕様を細かく決めすぎると、お互いに不幸な結末を迎える可能性が高いのだ。

そもそもハーベストループを何度も回せばどんどん賢くなっていくのがＡＩの最大の強みなわけで、最初から「このラインでお願いします」と決め打ちすることと自体に無理がある。

だが、実際に発注しようとすると、そういう力学が働きがちだ。「アウトプットの質を担保しないで外注なんてできるか」という意見には、それなりの説得力があるからだ。

エクスペクテーション・サンドイッチ——挟み撃ちアプローチ

以上の点を踏まえると、ＡＩプロジェクトをマネジメントする際には、［図６－５］のように、期待値を挟み撃ちしてフェーズごとに収束させていくアプローチが有効だ。期待値（エクスペクテーション）をサンドイッチのように挟み撃ちしてマネジメントするので、「**エクスペクテーション・サンドイッチ**」と呼んでいる。

プロジェクトの初期の段階では、最低限実現しなければいけないコミットメントラインを思い切って下げる一方、楽観的な見通しも大きくとっておく。要は、いちばんうまくいったときはこれくらい、いちばんうまくいかなかったときはこれくらい、と幅を持たせて考えるということだ。

その後、短期間に開発↓検証を繰り返す**イテレーション**によってＡＩの精度は上がっていくが、それが実現する可能性の範囲も次第にはっきり見えてくる。そのため、次のフェーズでは、うまくいったときとうまくいかなかったときの幅は狭くなる。最終的には期待値が収束して、どれくらいの精度が出るかが確定する。

発注段階では、仕様を確定するのではなく、期待値の幅をフェーズごとに狭めていくアプローチをプランニングしておくと、たいていうまくいく。

［図6-5］「エクスペクテーション・サンドイッチ」の考え方

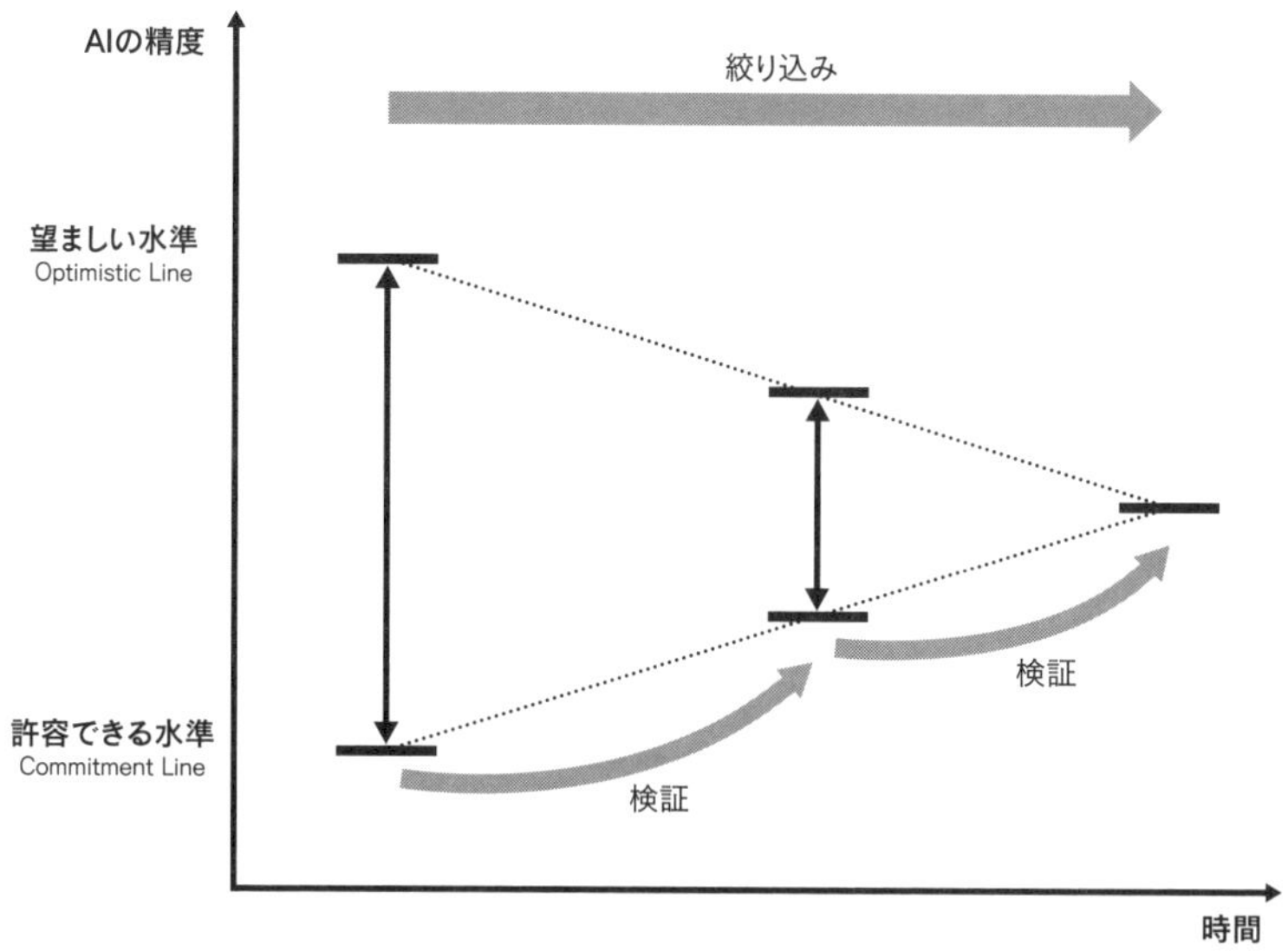

AIに期待すべき精度を「挟み撃ち」していく

エクスペクテーション・サンドイッチの考え方自体は、アジャイル開発では常識的なものだ。イテレーションによって次第に期待値（目標値）が定まっていく感覚は、ウェブサービスやアプリ開発をしている人には馴染み深いものだろう。マーケットが何を求めているかわからない（不確実性が高い）から、Ａ／Ｂテストなどを繰り返して、コンバージョンレート（成約率）を上げていくというのが、ごく当たり前の姿勢だからだ。

マーケットの不確実性の話であれば、ウォーターフォール型とアジャイル型の違いだとわかる人は多いのだが、それがＡＩの話になると、なぜか頭がウォーターフォールに戻ってしまう人が少なくない。

それは、もしかしたら、社内にアジャイル開発に慣れた人があまりいないからかもしれない。ウェブ業界やアプリ業界なら当たり前のことでも、ウォーターフォールしかやってこなかった人にとっては、頭の切り替えが難しいということはあり得る話だ。

また、失敗が許されないB2Bのシステム開発では、アジャイルはできないと思っている人もいる。

しかし、現実には、ただちにAI化できない部分については、エキスパート・イン・ザ・ループなどで人間の手を借りながら徐々に進めていくしかない。

そうである以上、フェーズごとに期待値を切り替えてマネジメントするという発想を、この機会にぜひ身につけていただきたい。それこそがAIプロジェクトを成功に導く勘所でもあるからだ。

Epilogue

地球をやさしく包む「最後のループ」

SDGsとハーベストループ

ほぼ遅延なしのリアルタイム通信が拓く未来

これから世界はどうなるか。この本の締めくくりとして、ＡＩがもたらす未来の話をしてみたい。

２０２０年代には、ＡＩを加速するインフラが続々と本格的な普及期に入る。Prologueでも紹介した５Ｇ、ＩｏＴ、ＶＲがそれだ。中でも５Ｇの浸透は、企業のＡＩ活用に根本から変更を迫る可能性が高い。それは、５Ｇによってローレイテンシー（低遅延）通信が可能になるからだ。

２０２０年から商用サービスが始まった５Ｇだが、２０２３年にフル５Ｇが導入されれば、４Ｇと比べて通信速度は20倍、遅延は10分の1、10倍のデバイスを同時接続できるようになる。それによって大容量・高画質の映画を一瞬でダウンロードできるようになったり、あらゆるものがインターネットにつながるＩｏＴが普及したりすることが期待されているのだが、いちばん破壊力があるのはローレイテンシーだ。

４Ｇ時代は１回あたり０・０１秒、Ｚｏｏｍを使ったオンラインミーティングなら往復で０・０２秒の遅れが発生する（実際は通信環境によってもっと遅れているケースが多い）。わずかなズレだが、会話が盛り上がって早口になったり、複数の人が同時に発話したりすると、話が入れ違って集中できないという人も多いはずだ。

これが、フル5G時代には通信の遅れは0・001秒に短縮される。1000分の1秒のズレは、人間にはほとんど認識できない誤差の範囲なので、ほぼ完全なリアルタイム通信が実現するといっていい。

すると、どんなことが起きるのか。ほぼリアルタイムで通信できるということは、これまでローカル環境でしなければならなかった処理も、サーバーサイドで一括管理できるようになるということだ。

わかりやすいのがロボットだ。たとえば、現在普及している掃除ロボットが、ときに行方不明になったり、部屋の隅っこで身動きがとれなくなったりして、おバカなふるまいをしてしまうのは、コストの関係で、高価なCPUやシステムを搭載できないからだ。

しかし、すべての掃除ロボットがフル5Gで常時ネットにつながれば、クラウドですべて制御できるようになる。すると、掃除ロボットに搭載されたカメラの映像を全部サーバーに送信して、室内の形状や床の材質などを細かく分析、ミリ単位の正確さでロボットを動かすといったことが可能になる。

これは非常に大きな変化だ。高速・大容量・低遅延の5Gを通じて、ありとあらゆるデータがサーバーサイドに吸い上げられるようになれば、二重、三重どころか、何重ものハーベストループが高速で回り続けることになるだろう。現在をはるかに凌駕するスピードでAIの学習が進行し、あらゆる領域で最適化が進む未来にはどんな風景が広がっているのか――。少し想像しただけでもワクワクが止まらない。

このように、ＡＩを加速させるインフラが整ってくると、ありとあらゆる領域で同時多発的にハーベストループが回り出す。だからこそ、いまのうちに、ハーベストループのストーリーを描いて動き始める必要があるのだ。そうでなければ、その大変化に乗り遅れてしまうだろう。

「好きなことを仕事に」が現実になる

進化するＡＩは、人間の働き方にもさまざまな影響を及ぼす。

エキスパート・イン・ザ・ループは、ＡＩが人間の仕事を奪うのではなく、むしろ、専門家を単純作業や雑用から解放して、専門領域に特化するのをサポートする。そのため、ＡＩとのコラボレーションが進むほど、専門家はもてる能力とパフォーマンスを最大化できるようになるはずだ。

「ローギークス（LawGeex）」のダブルハーベストループ（176ページ）でも見たように、専門家が働きやすい環境を用意すれば、優秀な人材を採用して、さらにクオリティが上がる採用ループが回り出す。短期間でスキルを伸ばし、ハイパフォーマーに育てる人材育成ループも回るだろう。ＨＲテックが注目を集めるのは、この分野がＡＩによってますます洗練され、大きな変革期に入りつつあるからだ。

煩わしいことはＡＩに任せて、経営者は意思決定に、企画立案者は考えることに、エキスパートは専門領域に、クリエイターは創造的な仕事に、プログラマーはプログラミングに、アーティストはアートに、パフォーマーは舞台や発表の場に特化できる。

自分の好きなこと、得意なことだけをすればいいので、やっていて楽しいし、没頭できるだろう。ほかのことを忘れるほど1つのことに集中すれば、埋もれていた能力が開花し、それまでとは違う次元の自分を発見できるかもしれない。

働き方そのものも変わる。ＡＩによって専門家のパフォーマンスが上がれば、専門家はその知識とスキルを生かして、より多くの案件に同時にタッチできるようになる。すると、フルタイムで働くのが当たり前とされた世界観すらもガラリと変わる可能性が出てくるのだ。

たとえば、弁護士がＡＩのサポートによって1つの契約書を10分でレビューできるようになれば、1人で同時に100のクライアントを抱えられる可能性がある。

タスクの管理はＡＩがやっていて、管理画面の「いまはこれをやってください」という指示に従って、細切れのタスクを処理するだけでいい、ということになれば、もはやオフィスに出勤する必要さえないだろう。その結果、会社に属さず、好きな時間に働くフリーランスの専門家が大量に発生するかもしれない。

コロナショックによって毎日職場に通うというライフスタイルが見直されつつあるが、ＡＩの普及はその流れを加速する可能性があるということだ。

AIによる最適化は「持続可能な地球」を残すところまで進む

AIによって産業が変わり、社会が変わり、人間の働き方が変わる。

その先に見えてくるのは、「**SDGs（Sustainable Development Goals：持続可能な開発目標）**」である。

ハーベストループを回すのは、従来のように1回限りの勝負で一喜一憂するのではなく（それは多くの場合、資源のムダ使いにつながる）、この先もずっと続く未来に向けて、持続可能な働き手を育て、持続可能な企業活動を支え、持続可能な社会に貢献し、持続可能な地球環境や生物多様性を子孫の代まで残すためでもある。

SDGsの考え方が登場するまでには長い時間がかかっている。それ以前は、人間の視野の狭さやAIの能力不足も手伝って、最適化のループが回る生態系は極端に小さかった。

高度経済成長期の日本では、メーカーはモノをつくって売ったら売りっぱなしの売り切りモデルが主流だった。資源やエネルギーは使い放題で、工場からは煙がモクモクと上がって大気を汚し、工業廃液も川や海に垂れ流しにされて、公害問題が発生した。消費者も古くなったら使い捨てが当たり前になり、使い回しのリユースや資源のリサイクルもなかなか普及しなかった。

当時の企業にとっての合理性は売上を最大化することで、売上が増えれば自社が成長し、社員の給料も増

[図7-1]持続可能な開発目標(SDGs)

え、国のGDP増加にも貢献できるという発想しかなかったから、資源のムダ使いや工場からの廃棄には無頓着だったのだ。

こうしたことを経済学の用語で「**外部不経済**（**External Diseconomies)**」という。

資本主義は競争を前提とした市場経済がベースにあり、右肩上がりの成長ができた時代には、本来は有限であるはずの資源やエネルギーをムダ使いしても、誰も気にしなかった。資源問題やゴミ問題は長らく市場の外にあり、最適化の対象ではなかったからだ。

しかし、地球規模で人口が増え、人間の活動範囲が世界の隅々まで広がり、経済活動の規模もすごい勢いで拡大した結果、資源が枯渇し、廃棄物（地球温暖化の原因であるCO_2や、自然分解されず永遠に漂い続けるマイクロプラスチックを含む）の量は地球のキャパシティを超えつつある。

二酸化炭素の排出権取引はどう「ゲーム」を変えたのか

市場に委ねているだけでは、部分最適が進むだけで、市場の外にある環境問題は解決できないのではないか。そう考えられていたときに登場したのが、**CO_2 排出権取引**だった。

これは CO_2 を削減すること自体が競争上優位となるように、外部不経済を「ゲーム」の内側に取り込む方法だ。企業は規模に応じて CO_2 を削減しなければならないが、目標を達成できないときは、すでに目標を達成したところから余った削減分を買って補う必要がある。お金を払いたくなければ、企業には削減目標を達成しようとするインセンティブが働くし、どうしても達成できないときは、すでに達成した組織にお金を回すことで、その取り組みを資金的に応援することができる。

この CO_2 排出権取引によって、CO_2 削減は最適化のループに取り込まれた。排出権取引は資本主義をハックしたのである。このように、うまくルールを書き換えれば、資本主義のなかでも、持続可能なループを回すことができるのだ。

たとえば、自社の売上増大を目指すだけだったメーカーにとって、製品の寿命はそこそこ短いほうがよかった。新製品が出るたびに買い替えてくれるほうが儲かるからだ。誰も使わないような過剰な機能を満載した製品が多かったのも、多機能にすることでコモディティ化を防ぎ、利幅を大きくとるためだった。そういうふうに最適化していたのだ。

ところが、従来型の売り切りモデルではなく、顧客と長期にわたってつながり、サービスに継続的に課金してもらうほうが儲かるという認識が広がると、今度は、製品寿命が長く、あまり故障しない丈夫な製品のほうがメンテナンスコストがかからないし、廃棄物も減って一石二鳥だという最適化のループが回ることになる。

すると、AIで故障を事前に察知して修理するループや、回収した部品を再利用（リユース）・再資源化（リサイクル）するループ、少ない原材料・少ないエネルギーで生産するループ、耐久性の高い部品や原材料を開発するループなどが次々と回り出す。つまり、そうするほうが企業も顧客も取引先もハッピーで、地球環境にとってもハッピーだという最適化のループが実現することが重要なのだ。

売上至上主義だったメーカーは部分最適を目指していたが、顧客をステークホルダーとして取り込んだことで、持続可能な全体最適へと視点が切り替わったのである。

さらに視野を広げると、メーカーは原材料や部品を調達するサプライチェーン全体で、持続可能な最適化ループを回すことができる。地球環境に配慮したグリーン調達を進めれば、それが自社のブランドに跳ね返ってくる。現地企業で働く人の労働環境や賃金、人権問題まで視野に入ってくれば、さらに大きなループになるだろう。

[図7-2]地球全体を包み込む「循環型経済のループ」

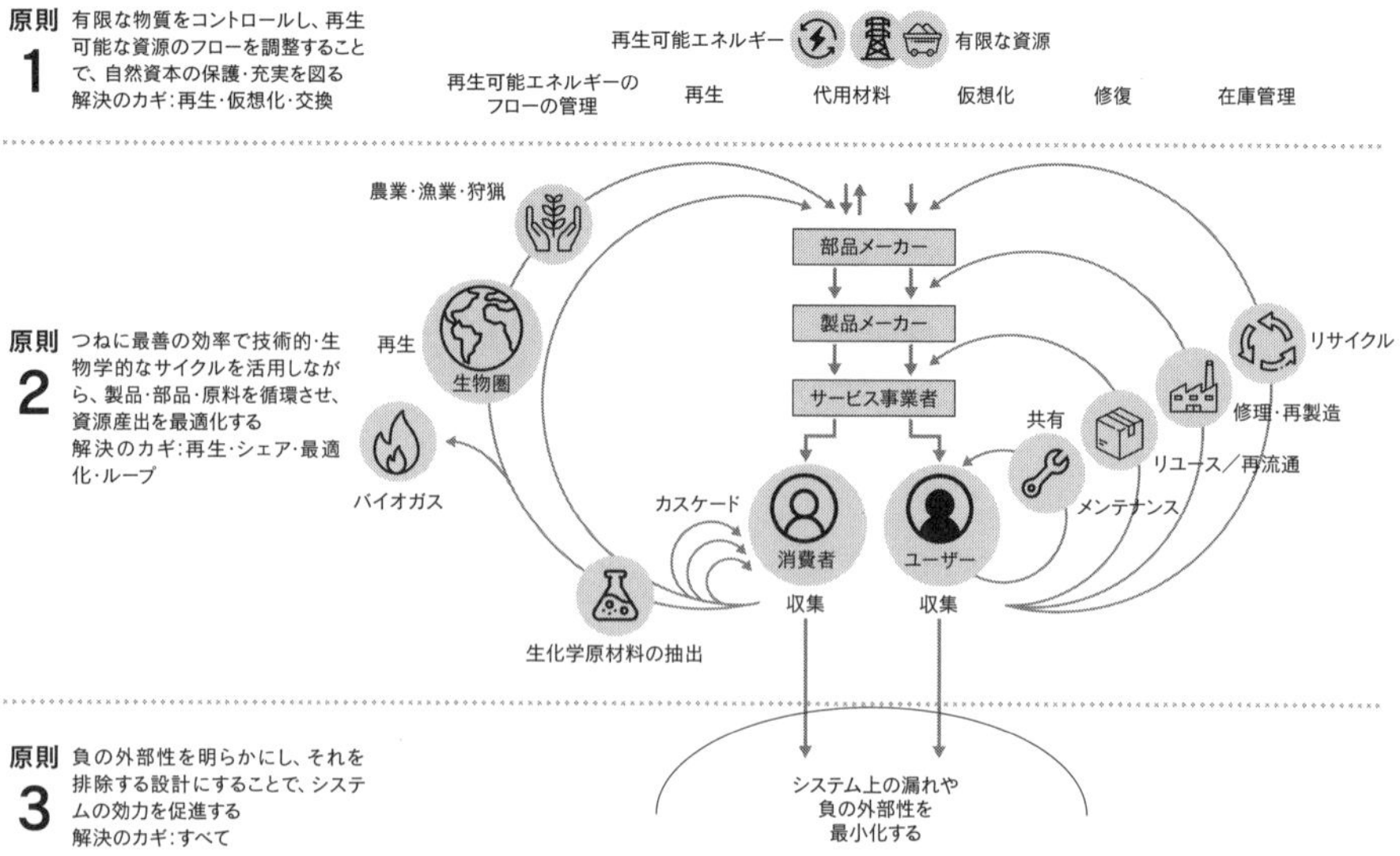

［出典］Ellen MacArthur Foundation, SUN, and McKinsey Center for Business and Environment; Drawing from Braungart & McDonough, Cradle to Cradle (C2C) を元に著者作成

ステークホルダーが増えれば増えるほど、全員が納得できる最適化の着地点を見つけるのは難しくなると思うかもしれない。しかし、そんなときほどＡＩの出番だ。ＡＩが得意なのは、膨大な組み合わせのなかから、最適な着地点を見つけることなのだから――。

限られたリソースを最適に配分して、地球環境を持続可能な状態に保つ。ＡＩによる最適化のループがどんどん大きくなっていけば、最後は地球全体を最適化するところまで行き着くだろう。

ＡＩによるハーベストループは、やがて［図7－2］にあるような資源や廃棄物のループを形成し、最終的には地球にやさしい最適化を目指すことになる。それによって、ＳＤＧｓが実現されることになるのだ。

おわりに　ＡＩよりも戦略よりも大事なこと

堀田　創

日本の産業は「ハーベストループ」で生まれ変わる

「ＡＩをどのように戦略へ生かしていくのか？」――ひたすらそこに焦点を当ててきた本書『ダブルハーベスト』はいかがだったでしょうか？

私・堀田は中学生のころからプログラミングに没頭してきた技術ファンです。２００８年にニューラルネットワークの研究で博士号を取得して以降、毎年大きく変わるＡＩ技術の動向に日々目を光らせながら、ＡＩスタートアップの「シナモンＡＩ（Cinnamon AI）」に共同創業者として関わってきました。

そんな私がこの本を書きたいと思ったのには理由があります。それは、「ここでＡＩをうまく利用できれば、日本の産業は大きく国際競争力を伸ばせる」と確信しているからなのです。

ＡＩの普及は本当に目覚ましく、規模の大小を問わず、世界各国の企業では実際にＡＩを戦略に取り込んでいるケースが散見されます。

一方で日本に目を移したとき、戦略的活用までを見据えてAIに向き合っている組織はどれくらいあるでしょうか？　それが決して多いようには思えないいま、私はある種の焦燥感を覚えています。

これはまさに、私が大学時代に抱いた感覚に似ています。

グーグル社が上場したのは、私がまだ情報工学科の学生だった2004年のことでした。それ以降、インターネット関連のイノベーションのほとんどは、アメリカや中国で起きていきました。少なくともこの分野では、国内発の企業が存在感を発揮することはほとんどなく、日本がまさに「インターネット後進国」へと転落していく状況を目の当たりにしてきたのです。

そしていま、私たちはAIという新しい波の真っ只中にいます。

「はじめに」で尾原さんも強調していたとおり（4ページ）、AIには日本の既存産業を国際競争力へと転換するほどの巨大なポテンシャルが眠っています。

そんなチャンスがあるにもかかわらず、日本はインターネット革命のときのように、やはり「AI後進国」になりかねないような状況にいるのです。

この崖っぷちの状態を一刻も早く脱却せねばなりません。そこで必要なのは、みなさんがAIを自分ごと化し、事業に生かすことです。

ところが、大半の人にとっては、まだまだＡＩの技術は身近なものではありません。どう生かせばいいのかをイメージできないがゆえに「ＡＩは自分の仕事には関係ない」と思い込んでいる方がほとんどでしょう。

だからこそ、「まずは『ＡＩと事業を結びつけること』にリアリティを感じ取っていただきたい」という想いを込めて、本書を書き進めてきました。

そこでカギとなるのが「ハーベストループ」という考え方です。ハーベストループが有効なのは、決してこれから立ち上げる新規事業だけではありません。既存事業のＤＸ（デジタルトランスフォーメーション）を進めるうえでも、心強い味方になってくれるはずです。

「どうやるか？」よりも先に自問すべきことがある

一方で、「戦略」の観点だけではビジネスは成り立たないというのも事実です。

事業で最も大事なのは、「**どうやるのか（ＨＯＷ＝戦略）**」ではなく、「**なぜやるのか（ＷＨＹ＝目的）**」です。

私たちは日々の業務のなかで、ついどうやるか（ＨＯＷ）の議論に終始しがちです。しかし、それはあくまでも目的（ＷＨＹ）を実現するための手段であることを忘れてはいけません。実際には市場環境は想像以上にスピーディに変わりますし、専門知識が必要だと思われたＡＩ技術も多くがコモディティ化していく流れにあります。

このようにさまざまな前提が崩れていく以上、私たちには指針となり続けるものが欠かせません。これがいま、いわゆる「**パーパス（Purpose）**」が注目を集めている背景です。

じつのところ、過去に数社のスタートアップを立ち上げるなかで、私はいくつもの失敗をしてきました。それを通じて最も痛感しているのが、この「パーパス」の大切さなのです。

かつての私は「できること」をたくさん持った人間でした。「できること」しか持っていなかった、といってもいいかもしれません。

何かを学べば、「できること」はどんどん増えていきました。たとえば、Swiftというプログラミング言語を勉強すれば、iPhoneのアプリが実装できるようになります。機械学習について学べば、ＡＩが実装できるようになります。「そうやって『できること』を増やしていけば、ビジネスでも成功できるはずだ」――そう信じて私は起業しました。

しかし、起業家としての「軸」を欠いていた当時の私の事業は、箸にも棒にもかかりませんでした。自分に何が足りないのかがわからず、また「できること」を増やしては、何度も失敗を繰り返しました。

とくに会社の立ち上げ時期には本当に苦労したのを覚えています。いま振り返ればわかりますが、そうした数々の失敗の原因は、「なぜやるのか（ＷＨＹ）」という根幹が私に見えていなかったことにあったのです。

実際のところ、「なぜやるのか」という問いかけは、とても難しいものです。ここには決まった「正解」がないからです。それに、日本の公教育は「できること」を増やすばかりで、その問いにどうアプローチすればいいかは教えてくれません。だからこそ、WHYから目を背けてHOWの話ばかりをしたくなるのです。

また、ひとたびパーパスを設定したあとも、私たちは次々とマーケットの変化や数多くの失敗に直面せざるを得ません。そんな逆境のなかで「それでも、なぜ自分はこれを続けるのか？　本当にこれが『自分が心からやりたいこと』なのか？」と自問し続けるのは、じつに辛いものがあります。

そんな私も、自分で設定したパーパスに対して確信がなくなりかける瞬間は日々あります。だからこそ、パーパスの大切さについて、誰よりも深く考えてきたという自負もあるのです。

「なぜやるか？」を洗い出す2つのアプローチ

では、事業におけるパーパスは、どうやって見出せばいいのでしょうか？　ここで2つのアプローチをご紹介したいと思います。

1つめは**ＭＴＰ（Massive Transformative Purpose：野心的な変革目標）**と呼ばれる方法です。私は以前、シリコンバレー発の教育機関「シンギュラリティ大学」のエグゼクティブプログラムに参加したことがあります。シンギュラリティ大学は、世界を代表する人工知能学者でフューチャリストのレイ・カーツワイルが創設した教育機関で、未来創造型リーダーの育成を目的とした同プログラムの中核にはこの考え方があります。

MTPを設定する際には、次の2つの問いに対する答えを記述します。

「どんな大きな問題に取り組むのか?」
「それをどのように解決するのか?」

この「問題/解決」をアウトプットする際には、対象とする顧客のことを想定しながら、10~30年の大きなスパンで考えることが推奨されています。具体的に顧客はどんな問題を抱えているのか、そして、それにどんな解決が必要なのか。できる限り、簡潔かつ明快な言葉を心がけると、パーパスの輪郭もはっきりさせやすくなります。

そのうえで、「その解決策を徹底的に極めると、どのような変革が生まれるのか」を書きます。このとき大事なのが、「いま実現されていること」よりも「これから実現されていくこと」を踏まえて、できるだけ未来的に記述するということです。例を[図8-1]にまとめてみました。

たとえば、「エキスパート・イン・ザ・ループ」のモデルとしてご紹介した「ローギークス(LawGeex)」であれば(174ページ)、ここでのパーパスは「(AIの力で)弁護士サービスを民主化する」といったものになるでしょう。また、オンライン住宅保険の「レモネード(Lemonade)」(90・128ページ)は、「保険を必要悪から社会的利益へと変革する」といった事業コンセプトを掲げています。彼らの優れた戦略の背後にも、

［図8-1］事業パーパス設定に役立つMTPの考え方

問題	解決	それを極めると…
高い	低価格化	圧倒的低価格化（民主化）
複雑	単純化	誰でも使える
業務が見えない	業務の見える化	業務の概念が変わる
煩雑	楽にする	意識すらしなくなる
面倒	面倒を減らす	面倒があったことを忘れる
待ち時間がつらい	待ち時間の短縮化	ほぼリアルタイム

このような野心的な変革目標（ＭＴＰ）が設定されているのです。

２つめのアプローチとして、私自身の経験に基づいた、より手軽なやり方もお伝えしておきましょう。

パーパスというと、つい「人生の原体験」や「社会貢献的な文脈」、あるいは「哲学的な回答」が求められているように感じてしまいますが、いきなりそこから考える必要はありません。

まず「自分自身がどんな未来を創りたいのか？」という問いかけを発想の起点にしてみましょう。そこから考えたほうが、パーパス設定はうまくいきやすくなります。

本音でワクワクできるような「創りたい未来」であれば、そこには必ずなんらかの「原体験」が関係しているはずです。また、それをストーリーとして他者に伝えるときには、自然と「社会的・思想的なコンテクスト」で肉づけすることになります。

だからこそ、まずはパーパスの広さや深さを気にすることなく、「自分が創りたい未来」から発想してみる。ビジネスにおいて何よりも重要なのは、心からやりたいと思える、本気になれることなのですから——。

パーパスとハーベストループをつなぐ「第3の項」とは？

パーパス設定に関してこのような説明をすると、「なぜ『10～30年後という遠い未来』でなければならないのか？　もっと近い将来に実現すべきことだって、事業の目標になり得るのではないか？」という質問をいただくことがあります。

しかし、やはりパーパスは遠い未来を志向したものであるべきです。これには2つ理由があります。

最初の理由は、目の前の状況が目まぐるしく変化する時代になったからです。AIに限らず、あらゆるところで急速な技術進化が起きているうえに、コロナ禍やDXによって同時多発的に産業の変革が進んでいます。このような状況では、中期経営計画のような枠組みはうまく機能しません。むしろ、激しい変化に振り回されることなく、一貫した意思決定を保つためには、遠い未来を見据えたパーパスのほうが役に立ちます。

もう1つの理由は、近い未来のことよりも、10年後・30年後のことのほうが予測しやすいからです。これは、一見ちょっと意外に思われるかもしれませんが、よく考えてみればわかることです。

たとえば、「人間の声と区別がつかないレベルの高性能な電話応答AIは、来年に実現するか？　再来年に実現するか？」という予測を的中させるのは、とても難しいことでしょう。しかし、「10年後に実現しているか？」についてであれば、ほぼ間違いないと想像することができます。このように、遠い将来のほうが「世界はこうなっているはずだ」という想像の精度は高まりやすいのです。

本書をお読みいただけた方はご存じのとおり、ハーベストループは事業の強みを持続的に成長させていく戦略フレームワークです。しかし、その戦略が真価を発揮するには、長期的なパーパスが必要です。「持続的な成長の先にどんな未来が待っているか」が設定されているビジネスにおいてこそ、ハーベストループのＡＩ戦略が生きてくるのです。

また、ハーベストループは「一度つくったらそれで終わり」という性質のものではありません。目の前の状況は刻々と変化していきますから、そのときに必要な強みそれ自体も変わっていきます。事業を進めるなかで、常日頃から「ここにはどんなハーベストループがつくれるだろうか？」と自問し続けていれば、どんな変化に直面しようとも、機動的に対応できるようになります。そして、戦略の変更を余儀なくされるような場面でも、自分たちがその事業をやっている目的＝パーパスが「不動点」として見えていれば、進むべき方向を見失うこともないでしょう。

さらに、パーパス実現にあたり、ハーベストループと並んでその根幹を成すのが、「ＵＸ（ユーザー体験）」の概念です。ＵＸと聞くと「デザインなどをめぐる表層的な議論」という印象をお持ちになる方もいるかもしれません。しかしここでいいたいのは、「商品の使い心地」といったものだけではなく、セールスやカスタマーサポートが顧客とどう接しているかまで、すべてをひっくるめた「顧客の体験全般」のことです。この意味で、ＵＸは事業における中枢概念だといえるでしょう。

[図8-2]パーパス、ハーベストループ、UXの三項関係

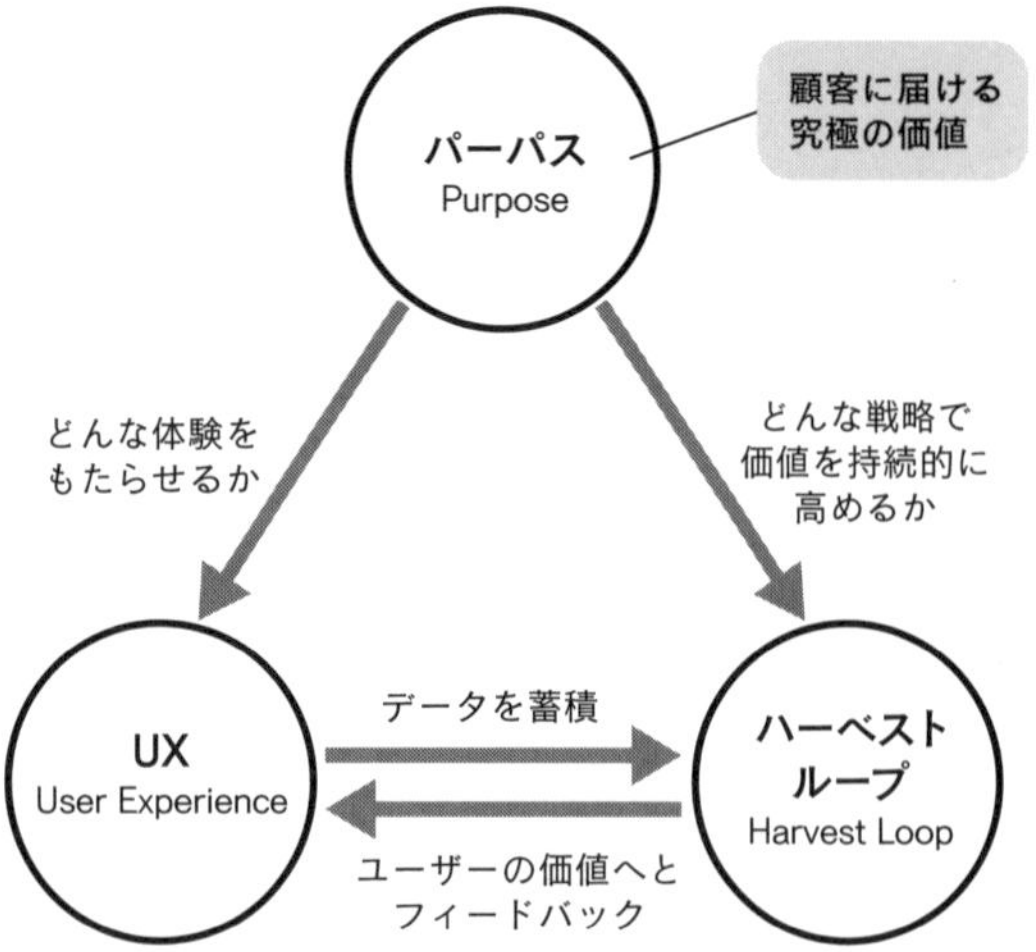

パーパス、ハーベストループ、UXの三者は、［図8－2］のような関係性にあります。これもまた、「はじめに」で尾原さんが語っていたように（5ページ）、「アフターデジタル」の世界においては、UXそれ自体もデジタルに再構築できるため、UXを通じて人々の行動データが次々と収穫されます。これによって、ハーベストループ上のAIはどんどん強化されていきます。

話はそこで終わりません。こうして精度を高めたAIは、さらにUX側に還元され、より優れたバリューを顧客に対して生み出していくからです。ハーベストループは、それ自体として価値を生み出しながらも、同時にUXを継続的に進化させるのです。

このようにUXとハーベストループは、他社に負けない強みを御社にもたらし、パーパス実現に寄与していく「両輪」となり得ます。新規事業の立案だろうと、既存事業のDXだ

ろうと、このような三位一体の構造を念頭に置いて構想されているかどうかが、これからのビジネスの勝敗を分けるといっても過言ではないでしょう。

＊　＊　＊

この本もまた、1つのパーパスの下に書かれています。

本書『ダブルハーベスト』のパーパスは「**日本をＡＩ先進国にする**」です。

ＡＩ研究が進んでいるだけではＡＩ先進国とはいえません。ＡＩを活用することで、国内のさまざまな産業が国際競争力を取り戻し、さらにそれを強化するループに入るような未来を私たちは思い描いています。日本の各企業がハーベストループの考え方を実装すれば、日本の産業構造は世界を代表し続けるようなものに生まれ変わります。それが実現したとき、きっと日本は紛うことなき「ＡＩ先進国」になるでしょう。

私たちはそう信じています。

読者のみなさまが各分野でのＡＩ活用戦略を考えるうえで、本書が少しでもきっかけやヒントを提供できることを願っています。

ここまでお読みいただき、ありがとうございました！

謝辞

本書執筆にあたっては、本当にたくさんの方々に支えていただきました。

挑戦的なテーマ・内容だったにもかかわらず、ダイヤモンド社の藤田悠さんには深いご理解とご尽力を賜り、なんとか企画を実現することができました。ライターの田中幸宏さんには、数々の難解な論点を、とてもわかりやすい形でまとめていただきました。共著者の尾原和啓さんには、企画段階から着想・構成に限らず出版に向けてさまざまなインプットをいただきました。

また、シナモンAIのベトナム・台湾・日本と3カ国にまたがるメンバーの協力により、世界のAIユニコーン企業の100以上のケース分析を通じて、フレームワークの深掘りをすることができました。さらに、IDEOのみなさまは、本書のさきがけとして「ハーベストループ」のワークショップを開催するなど、本書のコンセプトを共に磨き上げ、普及に向けてご尽力いただきました。

最後に、経営共創基盤（IGPI）グループ会長の冨山和彦さんと、慶應義塾大学SFC教授・ヤフーCSOの安宅和人さんには、本書のメッセージに共感いただくとともに、すばらしい推薦のコメントをいただくことができました。

本書に関わってくださったみなさまに心より御礼申し上げます。

堀田　創

▼読者フォローアップサービスのお知らせ

『ダブルハーベスト』をお読みいただき、ありがとうございました。本書の内容理解をいっそう深めていただくため、また、「ハーベストループ」のムーブメントを広げるため、今後も関連コンテンツや最新のＡＩ事情などを随時発信していく予定です。

こちらから、本には盛り込みきれなかった事例などが満載の「特別ＰＤＦ」がダウンロードできます。

ダウンロード用ＵＲＬ

https://cinnamon.is/download_dh2021

ＰＤＦをダウンロードしてくださった方には、さらに「実践的な情報配信サービス」などもご用意しています。詳しくは同ウェブページにてご案内します（なお、本サービスは予告なく終了する場合がございます。あらかじめご了承ください）。

また、本書の感想・コメントをぜひTwitterやInstagram、Facebookなどでシェアしてください。「**#ダブルハーベスト**」をつけていただいた投稿はすべて堀田・尾原が拝読し、次なるアクションへの参考とさせていただきます。また、投稿に反応させていただくこともあるかもしれません。

ぜひともよろしくお願いいたします。

［著者紹介］

堀田 創（ほった・はじめ）

株式会社シナモン 執行役員／フューチャリスト

1982年生まれ。学生時代より一貫して、ニューラルネットワークなどの人工知能研究に従事し、25歳で慶應義塾大学大学院理工学研究科後期博士課程修了（工学博士）。2005・2006年、「IPA未踏ソフトウェア創造事業」に採択。2005年よりシリウステクノロジーズに参画し、位置連動型広告配信システムAdLocalの開発を担当。在学中にネイキッドテクノロジーを創業したのち、同社をmixiに売却。

さらに、AI-OCR・音声認識・自然言語処理（NLP）など、人工知能のビジネスソリューションを提供する最注目のAIスタートアップ「シナモンAI」を共同創業。現在は同社のフューチャリストとして活躍し、東南アジアの優秀なエンジニアたちをリードする立場にある。

また、「イノベーターの味方であり続けること」を信条に、経営者・リーダー層向けのアドバイザリーやコーチングセッションも実施中。認知科学の知見を参照しながら、人・組織のエフィカシーを高める方法論を探究している。

マレーシア在住。今回が初の著書となる。

▶note　　　note.com/htt

▶Twitter　　@HajimeHotta

尾原和啓（おばら・かずひろ）

IT批評家

1970年生まれ。京都大学大学院工学研究科応用人工知能論講座修了。

マッキンゼー・アンド・カンパニーにてキャリアをスタートし、NTTドコモのiモード事業立ち上げ支援、リクルート、ケイ・ラボラトリー（現KLab）、コーポレートディレクション、サイバード、電子金券開発、リクルート（2回目）、オプト、グーグル、楽天の事業企画・投資・新規事業に従事。経済産業省対外通商政策委員、産業技術総合研究所人工知能研究センターアドバイザーなどを歴任。

単著に『ネットビジネス進化論』『ITビジネスの原理』『ザ・プラットフォーム』（以上、NHK出版）、『モチベーション革命』（幻冬舎）、『アルゴリズム フェアネス』（KADOKAWA）、『どこでも誰とでも働ける』（ダイヤモンド社）、共著に『アフターデジタル』『ディープテック』『スケールフリーネットワーク』（以上、日経BP）などがある。

▶Twitter　　@kazobara

ダブルハーベスト——勝ち続ける仕組みをつくる AI時代の戦略デザイン

2021年4月13日　第1刷発行
2021年4月28日　第2刷発行

著　者——堀田創・尾原和啓
発行所——ダイヤモンド社
〒150-8409　東京都渋谷区神宮前6-12-17
https://www.diamond.co.jp/
電話／03･5778･7233（編集）　03･5778･7240（販売）
ブックデザイン—竹内雄二
DTP————ニッタプリントサービス
校正————東京出版サービスセンター
製作進行——ダイヤモンド・グラフィック社
印刷————三松堂
製本————ブックアート
編集協力——田中幸宏
編集担当——藤田 悠（y-fujita@diamond.co.jp）

©2021 Hajime Hotta & Kazuhiro Obara
ISBN 978-4-478-11101-7
落丁・乱丁本はお手数ですが小社営業局宛にお送りください。送料小社負担にてお取替えいたします。但し、古書店で購入されたものについてはお取替えできません。
無断転載・複製を禁ず
Printed in Japan

本書の感想募集　http://diamond.jp/list/books/review
本書をお読みになった感想を上記サイトまでお寄せ下さい。
お書きいただいた方には抽選でダイヤモンド社のベストセラー書籍をプレゼント致します。